俺たちの"部活"がなくなる?☆だったら自分で放課後をデザインしよう!

青柳健隆

[目次]

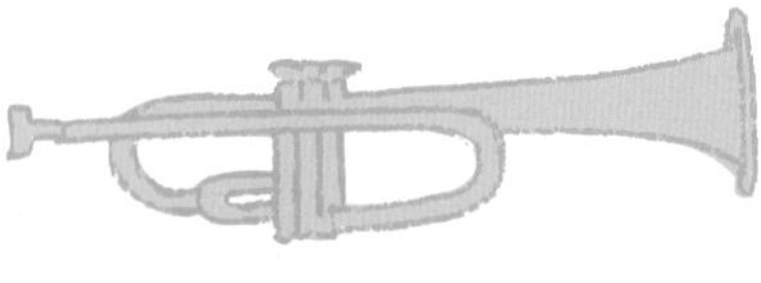

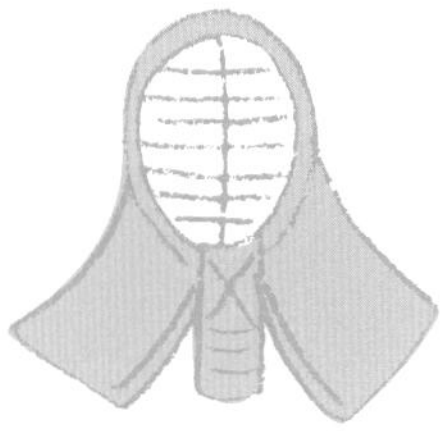

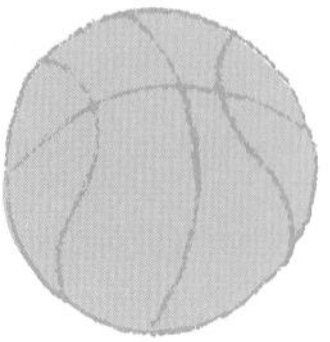

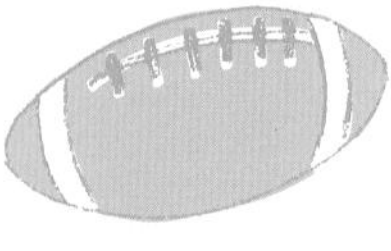

プロローグ

いま、部活動は大きな岐路に立っています。

これから何年かすると、いままでどおりの部活動はなくなってしまうかもしれません。

なにが起こっているのか、これからなにが起ころうとしているのか、みなさんは知っていますか？

たぶん、中学生や高校生のみなさんが普通に生活していたら、教育改革や制度改革の話なんて耳にしないし、あまり興味も持たないのかもしれません。

でもこれは、みなさん自身に直結する大問題なんです。

学校があること、先生がいること、部活動があること。中高生の頃の私にとってはそのどれもが当たり前で、自分を取り巻く環境や決まりごとに疑いも持ちませんでした。

でも、少し考えをめぐらせると、学校も先生という仕事も部活動もなかった時代があり、多くの人が工夫や思考錯誤を繰り返しながらいまの環境がつくられてきたことが想像できるでしょう。

いまもたくさんの大人たちが子どもたちのことを考えて、もっといい仕組みはないか、よい教育とはなにか、一生懸命考えています。子どものために考えることが大人の役目ともいえますが、そうだとしても、みなさんのために大人たちがいろいろと動いてくれるのはありがたいことですよね。

一方で本書のテーマである「部活動」のように、子どもたちの知らないところで（ときには子どものためというよりは大人の都合で）どんどんと制度が変わっていってしまうというのもまた事実です。

みなさんが過ごす学校や部活動は、本来はみなさんが主役のはずなのに、どれだけそれらのことを知っていて、どれくらい自分たちで選んだり、決めたりすることができているでしょうか？

この本では、部活動とはどのようなものなのか、部活動はこれからどこにいこうとしているのかを知り、部活動を含めた放課後の時間を自分たちでどのように選び取っていくのかを一緒に考えていきたいと思っています。

それによって、みなさんがより生き生きと毎日を過ごしてくれること、人として成長してくれることが私の願いです。

放課後の時間は自分たちのもの。

みなさんのやる気や時間をほかの誰かに握らせず、自分たち自身で楽しく実りあるものになるようデザインしませんか？

そんな前向きなみなさんを、先生や保護者の方々もきっと応援してくれるはずです。

202X年、どこかにあるかもしれない放課後の風景

～入学後、学校の放課後～

生徒A「ねえねえ、部活なにに入る？」
生徒B「ええ？　なに部があるのさ？」
生徒A「ええと、プリントには…陸上部、テニス部、美術部…だって」
生徒B「それだけ？　うーん、やりたい部がないいな」
生徒A「なにがやりたいの？」

生徒B「サッカーとかスノボとか」
生徒A「プリントに書いてある！　サッカーは、◯◯スポーツクラブっていうところでやってるらしいよ。駅の近くにあるんだって」
生徒B「部活じゃなくてスポーツクラブか…」

〜その日の夜〜

生徒B「スポーツクラブ入りたいなって思うんだけど、どうかな？」
母親「スポーツクラブ？　なんで？　部活にしなさいよ」
生徒B「やりたい種目がないんだよ」
母親「そうなの？　どれどれ、◯◯スポーツクラブ、やだ、月謝結構高いじゃない！　それに試合の送迎必須だって。無理よ、無理。学校にある部活から選びなさい」

生徒B「わかったよ…」

~次の日~

生徒B「スポーツクラブはダメだって」
生徒A「そっか、俺んちはいいよって言ってくれたけど…Bが入らないならやめとくか」
生徒B「かといって部活にはやりたいのないしな」
生徒A「ほかのみんなもあんまり入らないみたいだし、入らなくていいか」
生徒B「そうだな…」

もしかしたら、日本のどこかでこんな会話がされているかもしれません。環境にもよりますし、これも1つの選択ですので、全否定したいわけではありません。ただ、多くの子どもたちが学校でスポーツや文化芸術活動に親しんでいるこれまでの部活動を知っている身としては、少し寂しさを覚える風景です。

また、スポーツ教育学の研究者という立場からも、できれば多くの子どもたちにスポーツをはじめとする充実した経験を得てほしいとも思っています。

1 これから部活動はどうなっていく？

明るい未来と暗い未来

みなさんは中学や高校で部活に入っているでしょうか？　毎日楽しくやってるよ、という人も多いかもしれません。

でも、じつはいま、みんなの部活が変わろうとしています。これまで学校でおこなわれていた部活動が地域に移行されるという大変革です。

もう少し具体的に言うと、平日はこれまで通り学校で顧問の先生がみてくれるのですが、土日の部活動は学校ではなく地域が主体で、地域の人たちが教えてくれるというものです。

え、教えるのが学校の先生じゃなくなるの？　地域ってなに？　移行って？

はじめて聞いたという人も多いかもしれません。部活動の当事者であるみなさんにぜひ知ってほしい「部活の未来」について、これからお話をしていきます。

部活動が「学校」から「地域」に！

2022年6月、「運動部活動の地域移行に関する検討会議提言」なるものがスポーツ庁に提出されました。

これは、大学教授や教育委員会、スポーツ関連団体の代表者たちが話しあってまとめた今後の部活動についての方針です。文化部に関しても同年8月に、よく似た内容の「文化部活動の地域移行に関する検討会議提言」が文化庁へと出されています。

これらの提言の中心的な内容は「公立の中学校では、土日の部活動を学校の活動から地域の活動に変える」というものです。

2023年度から2025年度までの3年間が改革集中期間（改革推進期間）と定められ、地域移行をスムーズに進めようとしています。提言通りに地域移行が進むと、2026年度からは平日は学校で、休日は地域で部活動が実施されることになります。

では、その後はどうなるのでしょうか？　それで改革は終わりでしょうか？

いえ、おそらくもう少し先まで、この地域移行の改革は進みそうです。提言では、公立中学校だけではなく、国立や私立の中学校、高校にも地域移行の取り組みを広げていきたいことが書かれています。また、休日だけではなく、平日の活動についても地域に移行していくことが期待されています。つまりは、国立・公立・私立の中高全体において部活動は学校から地域の活動となる未来が目指されているのです。

みなさんはおそらく放課後、学校で先生に教わりながら毎日部活をしていると思います。それが地域の指導者（誰かはわからないけれど）からだんだん教わるようになる――なんだ、その程度のお話か。そう思うでしょうか？

いえ、じつはこの移行は、みんなの「放課後」にすごく大きな影響をもたらすできごとなんです。指導者が変わる、というだけの話ではありません。地域への移行がうまくいった場合と、逆にうまくいかなかった場合、いったいどうなるのか。うまくいけばワクワクする未来が生まれるし、失敗すればちょっとつまらない、残念な未来になるかもしれません。

それぞれの未来をちょっとだけ覗いてみましょう。

明るい未来～Good future～

平日は学校で、先生が指導してくれながら同じ学校の生徒どうしで活動がおこなわれているでしょう。いままでの部活動とそれほど大きくは変わらない様子です。

休日や夏休みの部活動は、地域のスポーツクラブ等に活動の場が移るので、近くのいくつかの学校の生徒が集まって合同練習がおこなわれるようになるでしょう。いままでよりも人数が多く、活気のある活動も期待できます。他校にも友達の輪が広がるのは嬉しいものです。

地域の活動のときは学校の先生は関わらないかというと必ずしもそうではなく、地域に住まう1人の大人として、指導したい先生は休日の活動にも顔を出してくれるかもしれません。

いずれ平日の部活動も地域に移行されると、放課後には生徒はそれぞれの活動場所に移動し、活動することになります（学校の体育館やグラウンド、音楽室などを使用して、指導者やスタッフが学校に来てくれる場合もあると思います）。

学校という居場所と地域部活動という居場所ができることで、関わる人間関係も多様になりますね。これまで学校単位で出場していた大会にも地域の部活動単位で出場できるようになるとやりがいも増してきます。

学校の部活動としてはあまり設置されていなかったスケートボードやストリートダンスのようなアーバンスポーツ系、マンガやアニメなどのメディア芸術などに取り組める機会も増えるかもしれません。

近年学校では徐々に部活動数が減ってきたり、部員不足でチームが組めなくなってきたりしていたので、しっかりとチームを組んだり紅白戦（部内で2チームにわかれておこなう試合形式）ができたり、楽団がつくれるくらいの人数がいるとやはり活動も本格的になります。

先生方も、部活動を指導してヘトヘトになっていたときに比べると余裕があるようで、週末にみた映画の話をしてくれたり、新しく学んだという最新の教材を使った授業をしてくれたりして、ふだんの授業も楽しく、わかりやすくなるかもしれません。

このように、学校という狭い範囲でなく、地域というより広い範囲で子どもたちのスポーツ・文化芸術活動を支えることで、関わる人数も増え、いまよりも充実した活動がおこなわれている未来がありえるでしょう。

暗い未来 ～Bad future～

部活動の地域移行がうまくいかなかった未来、またはうまくいかなかった地域はどんな様子でしょうか？（地域や学校によってうまくいったり、うまくいかなかったりと差が出てしまうことも、想定される悪い未来の1つといえます）

これまで、学校という身近な場所でおこなわれていたからなんとか継続できていた人や、友達がいるからという理由で入部していた人などの中には、地域に移行したことで部活動に参加しなくなる人も出てくるでしょう。お金がかかるから、送迎が大変だからなど、家庭の事情で活動に参加できない人も出てくると思われます。

そのうち、部活動に入ることが「当たり前」から、「物珍しいこと」になっていき、やっている人が少ないから自分もやらない、というように参加人口減少の負のサイクルが起こってしまうこともありえます。

たとえ参加人口が減らなかったとしても、これまでに比べて実施日数や活動時間が極端に少なくなってしまうことも心配です。

部活動に参加していたとしても、平日の先生による指導と休日の地域の人による指導で言っていることが真逆だったり、目指す目標が違っていたりと、板挟みによるトラブルも起こりえます（先生と指導者は違う人間なのだから、よっぽどうまく連携しない限り仕方がないことなのかもしれません）。

スポーツや文化芸術活動に親しむ子どもが減るということは、その人個人の経験が減るということに留まりません。

たとえば、中長期的にみると国民全体の体力が低下することで将来的に健康問題が発生したり（健康でいられる期間が短くなる、医療費が高くなるなど）、スポーツや文化芸術の裾野が狭まることで日本からすごい選手やアーティストが誕生しづらくなったり（オリンピックで勝てなくなるなど）、スポーツや文化芸術に関わる産業が縮小してしまったり。

なによりも、スポーツや文化芸術の経験を得て成長できていた部分がなくなると思うと…書いていて、どんどん気持ちが沈んできました。

そんな未来にならないように、大人たちは仕組みづくりを頑張っていますし、いずれは大人になるみなさんもスポーツや文化芸術を支える側になるということを、少しだけ心に置いておいてほしいと思います。

地域移行の問題点

そんなBad futureにならないよう、たくさんの課題をクリアしていかなければならないのですが、いまの段階でどのような問題点があるのか整理してみました。

全国的な問題もあれば、地域によって事情の異なる問題も含まれています。休日の移行のみならず、平日の活動が地域に移行されていくにあたっての課題も含めてみてみましょう。

●受け皿となる地域のスポーツ・文化芸術団体や施設は十分にあるの？

地域部活動の実施場所、受け皿となるスポーツ・文化芸術団体がすでに十分なほど地域にあるかというと、どうやらそうでもないようです。

地域によっては、いまあるスポーツ団体の施設や公共施設だけでは生徒を受け入れるのに不十分なところもあり、学校のグラウンドや体育館、音楽室や美術室などを活用していくこともアイデアとして提案されています。

ただ、その場合には誰が施設の管理やケアをするのか、鍵の管理はどうするのかなど、先生以外が学校を使うことに関する課題もありそうです。部活動の地域移行に関する検討会議提言には次のようにあります。

「運動部活動の地域移行にあたり、その『受け皿』となりえる地域におけるスポーツ団体等の状況としては、スポーツ少年団や競技団体に登録しているチーム、総合型地域スポーツクラブが設置する教室、フィットネス施設等は、全国で約18万となっており、人口の多い都市部の都道府県での数が多い。」

「全国の体育・スポーツ施設等の状況として、公共のスポーツ施設は約5万2千箇所（全体の約28％）となっており、民間スポーツ施設は約1万6千箇所（全体の約9％）である一方、学校体育施設は11万3千箇所（全体の約60％）と多くを占めている。」
（いずれも「運動部活動の地域移行に関する検討会議提言」より）

「文化部活動の地域移行の活動場所としては、社会教育施設や文化施設が考えられる。公民館は全国で約14，000館となっており、地域による差はあるものの、市町村における設置率は8割を超えており比較的高い。その他、劇場・音楽堂、生涯学習センターなどの設置数は、それぞれ約1，800館、約500施設となっている。」

（「文化部活動の地域移行に関する検討会議提言」より）

結構たくさん団体や施設があるようにも思えますが、すでに誰かが使っている施設ですし、部活動をやっている全国の生徒がそっくり収まるだけの受け皿とはいえないのです。

●地域の指導者は十分にいるの？

地域に十分な人数の指導者がいるのかも心配されています。

現状では部活動指導は主に学校の先生がおこなっていますが、先生方が指導に携わらなくなるとすれば、そのぶんの指導人材を地域で探さなければなりません。

全国の学校に複数ある部活動の顧問、副顧問の人数は相当なものです（運動部活動だけで中高あわせて約21万部あるとされていますので、文化部、副顧問などをあわせると数十万人規模と推計されます)。

そのかわりとなる指導者を地域の中からみつけることができるのでしょうか?

とはいえ、先生方が地域部活動の指導者になれないわけではありません。これからも、指導したいという意欲のある先生は地域の大人として、地域部活動の指導に携わってくれるよう制度設計が進められています。

ただ、全員の先生がプライベートの時間や家事育児・介護、授業準備などにあてる時間よりも部活動の指導を優先するわけではないと予想されますので、多くの先生が顧問を担っているいまの状況よりも学校から得られる指導人材が減ることは間違いないと思われます。

また、休日はよいとしても、平日の部活動がおこなわれるのは夕方以降の限られた時間です。そのため、指導者は部活動の指導だけでフルタイムの仕事のようなお給料をもらうことは難しいでしょう。そうなると、指導者としての働き方は副業的なものとならざるをえません。

学校の先生であれば、職場である学校の敷地で、授業などの仕事の延長として部活動を指導することが比較的スムーズであったと思いますが、学校外の指導者の場合（特に本業としてスポーツ・文化活動の指導ではない仕事をしている場合）、平日の夕方以降に毎日、活動実施場所に移動して指導するのは大変な労力です（いまでも、外部指導者として外部のコーチが関わってくれている部活動はたくさんありますが）。

そのような指導者の都合によって、活動ができない日が出たり、活動の開始時間が遅くなったりすることもありそうです。

もう一点不安なのが、教育的な指導がなされるのか（または、体罰・暴力、ハラスメントなどが増えないか）という点です。

これまで顧問は学校の先生でしたので、いわば教育についてのプロフェッショナルが指導をしてくれていました（一部、不祥事などのニュースが流れることもありますが、ほとんどの先生方はみなさんの成長を考えていてくれたはずです）。

しかし、指導者が先生でなくなると、教育を学んでいない人が指導者になる場合が増えます。これも、多くの団体や指導者の方たちは独自に勉強したり、倫理観を持って子どもたちに関わってくれているとは思いますが、「教育の一環としてスポーツや文化芸術の指導を捉えているか（これまでの部活動は学校教育の一環としておこなわれていましたが、地域部活動はそうではありません）」、「教育に関する専門的な学習・トレーニング・経験をしているか」という点においては弱まってしまうことは免《まぬが》れないでしょう。

そのため、指導者の質の向上（講習会などでの学習機会を整備すること）もこれからの課題となっています。

●家庭事情による格差が広がらないか？

家庭の経済事情によって、スポーツや文化芸術活動に参加できなくなる子どもが増えないかも気にしなければいけない問題です。

これまでの部活動は一般的に、学校外の習いごとの月謝などに比べると安い料金（部費）で参加できていました。そのため、家庭の経済力や協力体制に関わらず、希望する生徒が参加しやすい活動でした。

しかし、地域部活動となることで、習いごとのように月謝が生じる可能性が高くなります（スポーツ庁の試算では、これまでの部活動よりも年間に1万7581円多く家庭の支出が必要であるとされています）。

検討会議提言ではそのような格差が生じないように経済的支援が必要であるとはいわれていますが、どの程度実現するかは未知数です（困窮家庭の中学生に対して、年間2万2000円の支援金を支給することが検討されているというニュースもありました）。

また、経済格差に比べてあまり問題視されていない印象ですが、送迎や活動の手伝いなどに保護者が関われないからという理由で、活動への参加が制限される場合もあります。

さらには、経済的には余裕があっても、「その活動にはお金は出したくない」といった親の価値観（スポーツ観、文化観、経済観）にも子どもが影響されやすくなってしまいます。

つまり、親の経済力、サポート、理解の有無によって、スポーツや文化芸術活動の体験格差が広がってしまうかもしれないのです。

●学校と地域の連携はうまくいくの？

学校と地域がうまく連携をとっていけるのかも不安視されています。もっと具体的にいえば、学校行事の日程や優先度の認識、アレルギーや病気、心と体の特徴について、進路志望状況、生徒どうしの人間関係など、指導や教育に必要な情報（特に変化・変更があった場合など）がスムーズに共有されるのかという点は、生徒の個人情報を守る観点からも簡単ではありません。

また、休日に起こったトラブルを平日の学校に引きずってきた場合、対応するのは誰なのでしょうか？　学校の先生が対応するべきなのか、地域部活動の指導者が対応すべきなのか、それとも当事者の問題として本人や家庭にまかされるのか。ケンカを引きずって学校の授業に集中できないことなどがあっては先生も困るので、先生が対応してしまいそうですが、これでは先生の負担がかえって増えてしまいます。

ケガをした場合の責任の所在や対応の流れも十分に整理されているとはいえないため、保険の在り方なども含めて、ルールや制度の整備が必要です。

ある仕事に対して、役割分担して人と人とが協力する場合、分担したぶんだけ楽になると考えがちです。たとえば、「10」の仕事を半分にすれば、1人分の負担は「5」だという感じです。

でも、人と人が関わるところには必ずといっていいほど、連絡・調整・カバーなどの負担が発生します。うまく役割分担ができて、スムーズにことが運んでいる場合はいいのですが、お互いの考えが大きく違っていたり、情報伝達がうまくいかなかったり、仲が悪かったりすると、仕事を分けることで減った負担以上の大変さが生じてしまうこともあるのです。

●地域のチームでは大会に参加できない？

大会やコンクールの在り方もいまのままではフィットしない部分がありま す。

たとえば、学校単位でしか出場を認めていない大会の場合、複数校でつくった合同部活動や、地域のスポーツクラブでは参加が認められないケースがあるのです。それでは、せっかく新しく地域にチームをつくろうというモチベーションが下がってしまいます。

確かに、学校単位以外のチームを認めてしまうと、地域の強い選手だけ集めた最強チームや他県の助っ人を使って戦うチームが出てきたりしておもしろくありませんので、ある程度のルールは必要でしょうが、これからの部活動の形にあわせて大会ルールも変わっていくでしょう。

これまでは大会の企画や運営を学校の先生がおこなっているケースがかなりありました。しかし、休日の部活動が地域に移ると、休日におこなわれる大会も地域主体のものになる可能性が高くなります。

指導者は十分にいるのか？　という問題とあわせて、大会の開催・運営を支えてくれる人材が十分に集まるかも注視しなければならないポイントです。

小学校ではすでに部活の地域移行がおこなわれていた！

じつは、中学校や高校だけではなく、小学校にも部活動がある地域がありますす（自分の地域に小学校部活動がある方からすると、「えっ⁉　ほかの地域にはないの？」と思われそうですが）。

2016年度におこなわれた全国調査では、全国の市区町村のうち23％の

図1.部活動のある小学校の割合

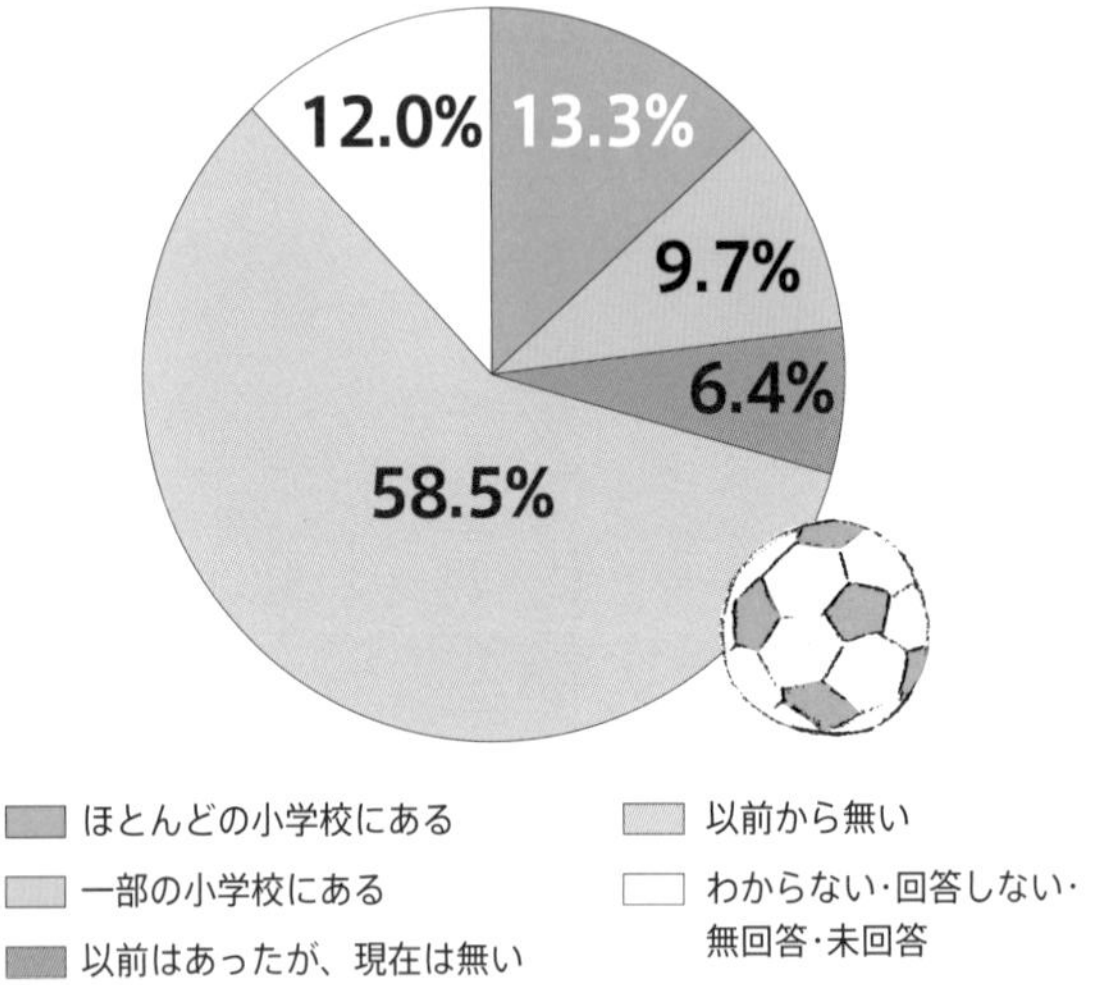

「以前」とは2006年当時

自治体でほとんどまたは一部の小学校に部活動があることが明らかになりました（図1）。特に多かったのは、青森県、千葉県、愛知県、熊本県でした（図2）。

しかし、小学校では中高に先立って、いくつもの市区町村で学校主体の部活動から地域のスポーツ活動へと移行がおこなわれています。

図2. 小学校部活動マップ

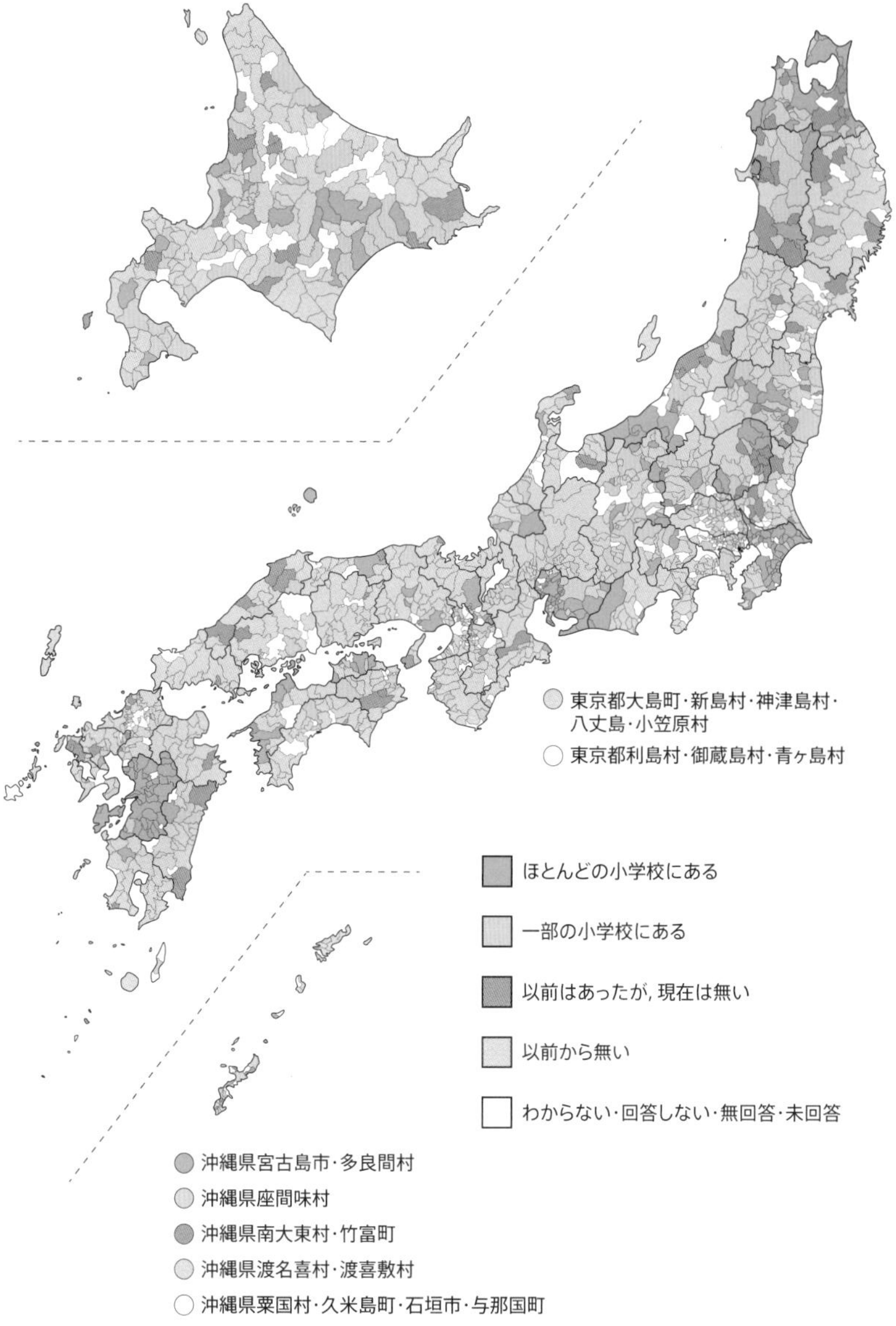
東京都大島町・新島村・神津島村・八丈島・小笠原村
東京都利島村・御蔵島村・青ヶ島村
ほとんどの小学校にある
一部の小学校にある
以前はあったが，現在は無い
以前から無い
わからない・回答しない・無回答・未回答
沖縄県宮古島市・多良間村
沖縄県座間味村
沖縄県南大東村・竹富町
沖縄県渡名喜村・渡嘉敷村
沖縄県粟国村・久米島町・石垣市・与那国町

小学校部活動が地域のスポーツ少年団（保護者や地域主体のスポーツ団体）へと移行された地域の先生方へインタビューしたところ、移行によるプラスの変化とマイナスの変化がそれぞれみえてきました。

プラスの変化としては、顧問の先生の負担が減ったり、専門的指導を受ける機会が広がったりと、地域移行したことによる直接的な変化があげられました。

一方、マイナスの変化として、活動の開始時間や終了時間が遅くなって生活習慣が乱れたり、「教育的な指導」という視点が薄くなることで言葉遣いや礼儀などの指導が不十分となり、結果として生活指導に関わる先生の負担が増えたり、先生が児童や保護者と信頼関係を築きづらくなったり、送迎や指導などの保護者の負担が増えたことでスポーツをする子どもが減ってしまったりなど、さまざまな副作用があることもわかってきました（もっと詳しく知りたい場合は、巻末の引用・参考文献リストの「小学校における運動部活動からスポーツ少年団への移行に伴う変化：地域移行を経験した教員へのインタビュー調査から」をご覧ください）。

ここでみなさんに考えてもらいたいのは、1つの改革をしたときに、確かに目先の課題を改善できることもありますが、その反動でマイナスの変化が起きる場合もあることや、中期的・長期的に考えるとマイナスになる可能性もあるということです。ぜひ、なにかの問題解決を考えるときには広い目、長い目でものごとをみるようにしてください。

小学校で生じたいくつかのマイナスの変化は、これからはじまる中学校（高校）の部活動地域移行でも起こりえることとして、注意すべき点でしょう。

2

部活動ってなんなんだろう?

部活動のリアル

部活動の決まりごと

当たり前のようにある部活動ですが、いちおう学校の中での制度的な位置づけが示されています。学校教育において生徒のみなさんにどのようなことを教えるのかが書かれた「学習指導要領」というルールブックのようなものがあるのですが、その中で部活動は次のように説明されています。

「生徒の自主的、自発的な参加により行われる部活動については、スポーツや文化、科学等に親しませ、学習意欲の向上や責任感、連帯感の涵養《かんよう》等、学校教育が目指す資質・能力の育成に資するものであり、学校教育の一環として、教育課程との関連が図られるよう留意すること。その際、学校や地域の実態に応じ、地域の人々の協力、社会教育施設や社会教育関係団体等の各種団体との連携などの運営上の工夫を行い、持続可能な運営体制が整えられるようにするものとする。」

（「中学校学習指導要領（平成29年告示）」より。高校も同様。）

少し難しい文章ですが、ここでのポイントは、「①部活動は学校教育の一環であること」、「②部活動は生徒の自主的、自発的な参加によりおこなわれること」、「③地域と協力し、持続可能な体制の整備が目指されていること」です。

「部活動は学校教育の一環であること」とはどういうことでしょうか？　授業と同等ということでしょうか？

いいえ、そういうことではありません。

みなさんが受けている学校教育は学習指導要領に示された「教育課程」という内容と、それ以外に学校が計画する教育課程外の活動でできています。授業は教育課程内の活動であり、基本的に必修です。

一方で部活動は教育課程外の活動（課外活動）ですので、必ず参加しなければいけないものではありません。

しかし、部活動は学校教育の一環ですので、教育課程との関連、つまり、たとえば保健体育や美術などの授業（学習内容）とつながりを持たせるような

部活動の位置づけ

学校教育

教育課程内

・各教科の授業
・総合的な学習の時間
・特別活動

教育課程外

・登下校
・休み時間
・補習授業
・**部活動**　など

指導が求められています。また、学校教育の一環ですので、「多少ズルしても勝てばいい」というような教育的ではない指導も望ましくありません。

「部活動は生徒の自主的、自発的な参加によりおこなわれること」とはつまり、やりたい人がやればいいということです。部活動はそもそも、生徒がやりたくてやっているものであり、やらされるものではないという前提がそこにはあるので、きつい練習も、土日の試合も、みなさんがやりたいからやっていると解釈されています（中にはイヤイヤやっている人もいるかもしれませんが、タテマエとしてはそう捉えられています）。

じつは部活動の設置は学校の義務ではなく、学校に部活動がなくてもルール上は問題ありません。ただ、やりたい人、やらせたい人、指導したい人、やるのが当たり前だという文化などがあり、現状ではほとんどの中学・高校で設置されています。

しかし、一部の学校では部活動への強制入部（必ずなにかしらの部活動に所属しなければならないという学校や自治体独自のルール）もおこなわれており、それを問題視する声もあがっています。

「地域と協力し、持続可能な体制を整えること」は、まさにいま検討されている地域移行と強く関連します。地域の方（指導力のある地域の大人、保護者、学校のOB・OGなど）に外部指導者として部活動に来てもらい、指導してもらうことなどは一般的になりつつありますが、さらにそこから進んで、運営主体を学校から地域に移すという改革が進められているのです。

そうなると、「学校教育の一環」とはいえなくなってくるため、学習指導要領の部活動についての記載についても見直しの議論がはじめられています。

部活動の活動内容について、参考にするべきガイドラインも2018年に定められました。スポーツ庁が出した「運動部活動の在り方に関する総合的なガイドライン」と文化庁が出した「文化部活動の在り方に関する総合的なガイドライン」というもので、これらの要点は次のようなものです。

・週に2日以上の休日を設けること（平日に1日、土日に1日）。
・平日の活動は長くとも1日2時間程度、土日は3時間程度とすること。
・夏休みなどの長期休業中はオフシーズン（まとまった休み）を設けること。

このガイドラインをもとに各地域が若干のアレンジをしているので、すべての地域でこの通りというわけではないと思いますが、みなさんの部活動はこのガイドラインにおおよそ沿って活動しているでしょうか？

あくまでもガイドラインなので、沿っていなくても罰則はありません。そのため抜け駆けしてたくさん練習した部活動が試合で勝ってしまうのではないかという心配もされています。

ガイドラインでは生徒のニーズにあわせた部活動の設置も提案されています。

たとえば、季節ごとに違う競技をおこなうシーズンスポーツ制の部活、勝利を目指すのではなく仲間とワイワイ楽しむレクリエーション志向の部活、主に筋トレなどの体力づくりをおこなうトレーニング中心の部活などがあったら、みなさんは入ってみたいと思いますか？　おもしろそうな部活いくつかを兼部するのもいいかもしれませんね。

春.夏 ハイキング

冬 スノーボード

部活ができるのは顧問の先生のおかげ

これもまた当たり前のようにいてくれる部活動顧問の先生ですが、立場や位置づけはどのようになっているのか確認します。

ところで、学校の先生の定められた勤務時間を知っていますか？　ほかの社会人と同じように基本的には1日8時間程度の勤務が求められているので、休憩を含めて朝8時から夕方5時くらいまでが一般的です。そして基本的には土日はお休みできる決まりです（ちなみに夏休み期間も先生はまるまる休みということはなく、仕事や出勤があります）。

でも、みなさんの部活動は平日の午後5時以降や土日も活動しているのではないでしょうか？　勤務時間内の部活動指導については、仕事としてやっているものになりますが、平日の5時以降や土日の指導は先生のボランティアでおこなわれているのです。

少し想像してみてください。

先生だって1人の人間です。休みも必要だしプライベートや家族との時間だってあります。一部では、先生がやりたくてグイグイやっているような部活もあるようですが、もし、プライベートよりも部活動を優先して勤務時間外にも来てくれているとすれば、なんとありがたいことでしょうか！

「そんなに残業をしていたらたっぷりと残業代が出ているんでしょ」と思いませんか？

いいえ、公立学校の先生はほかの公務員と違って、残業時間に応じた残業代というものは出ていません。

そのかわりに、給与月額の4％分がはじめから加算された額がお給料として支払われていますが、実際の残業実態に比べるとわずかな額といわざるをえません。

たとえば、月給30万円だとすれば1万2000円。法律で決められた最低賃金である時給1000円程度だとしても月に12時間分です。これでは平日5時以降の部活動指導や土日の指導をとてもまかなえませんよね（ちょうどこの本を書いているいま、手当の増額が検討され始めたというニュースが流れてきました）。

ほかに、土日に4時間以上指導すると3600円、宿泊をともなう8時間以上の指導だと5100円がもらえる手当てなどもありますが、いずれも時給にすると最低賃金を割り込むような額であり、経済的に十分にサポートされているとはいえません。さらにいえば、指導に関連する出費で足りない分を自腹でまかなっている先生方も中にはいます。

先生方は時間的にも金銭的にも大変な状況の中で、指導してくれているのです。

部活動ってどれだけされてるの？

部活動に関する実態調査によると、中学校で約90%、高校で80%程度の生徒がなにかしらの部活動に所属していることが示されています。

図1のように、運動部に加入している生徒のほうが多い状況です。また、男子のほうが運動部の割合が高く、女子のほうが文化部の割合が高くなっています。部活動への加入率は2000年以降大きな変化はありませんでしたが、新型コロナウイルス感染症の流行期に重なって若干参加率が下がったというデータもあります。

このようにデータでみると、かなり多くの中高生が部活動に加入していることがわかります。

図1. 部活動加入率（2017年度）

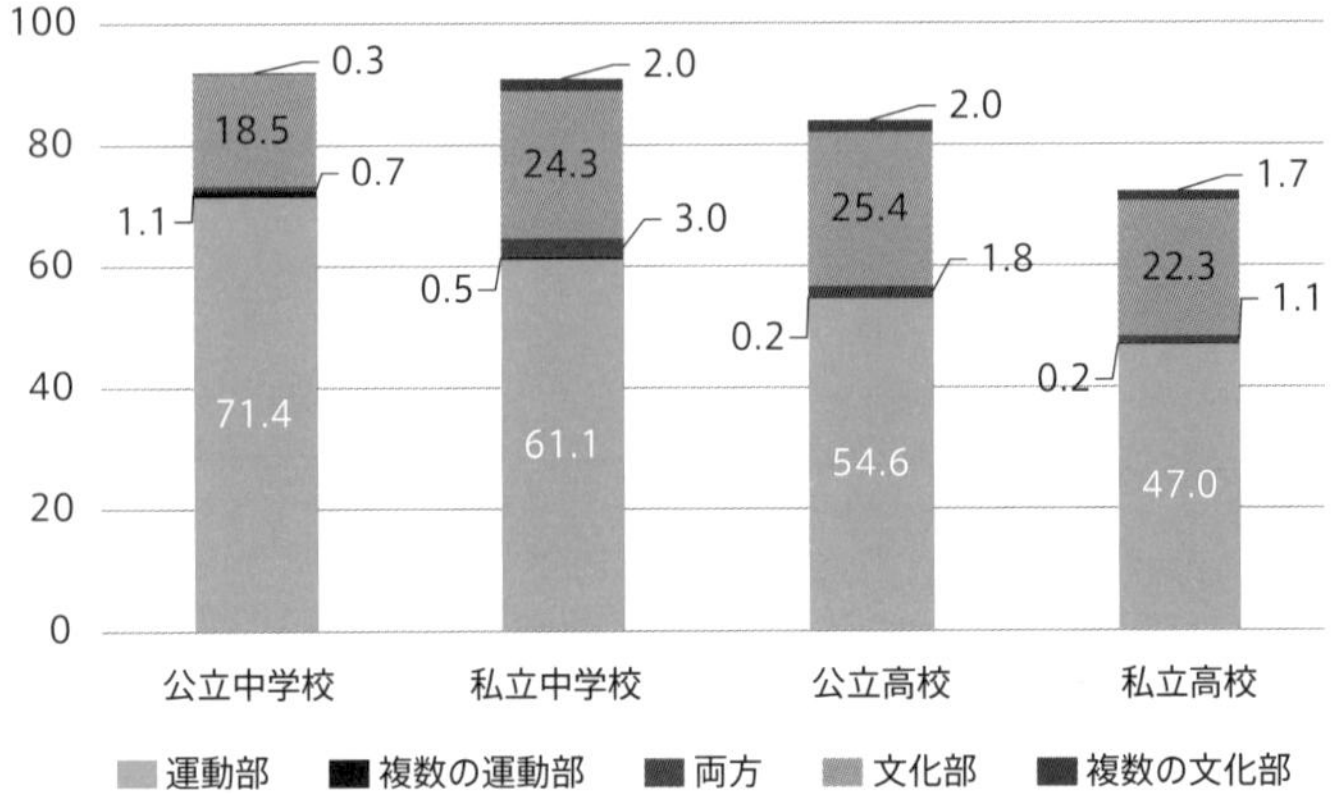

練習日数については週に5日以上、多いところでは週7日実施している部活もあるようです。また、練習時間も平日2時間程度、休日3時間程度というガイドラインの目安を大きく超えて実施されている実態があります。実際に、土日は1日中部活動をしているという人もかなりいるのではないでしょうか？

海外の部活動事情

ところで、海外の部活動ってどんなものだと思いますか？　日本のほかにはどんな国で盛んなのでしょうか？

そう思って調べてみると、どうやら部活動が日本ほど大規模かつ活発におこなわれている国はないようです。表1などを参考に、海外の部活動事情やスポーツ環境について、もう少し詳しくみてみましょう。

たとえば、日本同様に学校部活動のあるアメリカですが、部活動の種目数はあまり多くなく（アメリカンフットボールやバスケットボールなどの代表的な種目のみなど）、入部するときにトライアウトと呼ばれる選抜によってふるいにかけられることもあるようです。

<table>
<tr><th>イギリス</th><th>ドイツ</th></tr>
<tr><td>学校に部活がある
多くの生徒が参加するが
活動頻度は週1などに限定</td><td>学校に部活がなく*、
スポーツをする場合は、
地域クラブの活動に参加</td></tr>
<tr><td colspan="2">U15/U18のスポーツ環境として一般的</td></tr>
<tr><td colspan="2">競技種目ごとに大会の在り方が様々</td></tr>
<tr><td>基本的に教員が指導するが、
週1なので負荷は少ない</td><td>教員の一部は地域クラブで
有償ボランティアとして活動</td></tr>
<tr><td>資格要件なし</td><td>資格要件はないが、地域クラブの
コーチ（約8割が有資格）として
取得している</td></tr>
</table>

*一部例外も存在　**コーチング、応急処置、CPR認定等（「未来のブカツ」ビジョンより）

表1. 日米欧のU15/U18世代のスポーツ環境比較

<table>
<tr><th></th><th>日本</th><th>アメリカ</th></tr>
<tr><td rowspan="2">①
学校
部活動</td><td colspan="2">学校に部活がある</td></tr>
<tr><td>多くの生徒が通年で参加
（全員参加の学校も）</td><td>誰でも参加が可能だが、
人気競技はトライアウトで
人数制限をする場合も</td></tr>
<tr><td>②
地域
クラブ</td><td colspan="2">U15/U18のスポーツ環境として一般的ではない
（種目や個々の事情によって一部生徒は参加）</td></tr>
<tr><td rowspan="2">③
大会</td><td colspan="2">競技横断で大会フォーマットが存在（中体連、高体連等）</td></tr>
<tr><td>基本的に全国大会まで</td><td>**基本的に州大会まで**</td></tr>
<tr><td rowspan="2">④
教員の
関わり</td><td>基本的に教員が指導</td><td>外部登用が主流だが、
教員も希望すれば指導可
（教員にも報酬を支払う）</td></tr>
<tr><td>資格要件なし</td><td>外部コーチと同様、
教員にも資格要件＊＊あり</td></tr>
</table>

そのため、どちらかといえばみんなに開かれたスポーツ活動の場というよりは一部のエリートのための競技活動の場となっています。

アメリカの部活動については、「春は野球、秋はサッカー、冬はバスケットボール」などのように季節によって種目を分けるシーズンスポーツ制がとられている点が特徴的です。

イギリスにもほぼすべての学校に学校部活動がありますが、活動頻度が週に1回などとかなり限定的で、毎日のように活動している日本の部活動とは大きく違います。

しかし、地域クラブは中高生のスポーツ環境として一般的であり、学校部活動ではないスポーツ環境として機能しています。

先生の関わりも日本とアメリカやイギリスとではだいぶ違います。

日本では基本的に部活動の指導は先生がおこなっていますが、アメリカでは外部のコーチを雇うのが主流です。イギリスは教員が部活動を指導するようですが、活動頻度が少ないため、そのぶん負担感も少ないと考えられます。したがって、多くの生徒が活発に活動しており、先生方の関わりの程度が大きく、部活動が学校教育の一環としておこなわれている点が、日本の大きな特徴だといえるでしょう。

一方で、ドイツのように、学校部活動はないものの地域のスポーツクラブ文化が盛んで、子どもから老人まで地域のスポーツクラブに集い、スポーツや交流を楽しむ習慣がある国もあります。

スポーツクラブは集う人たちの憩いの場になっていて、子どもがスポーツをしている間に、親たちは併設されたカフェ・バーでビールを飲みながら話している、なんてこともあるようです。部活動のように「3年で引退」ということがないので、じっくりと1つの競技に取り組めるなどの利点もありそうです。

　このようなドイツをはじめとするヨーロッパのスポーツクラブは、日本で総合型地域スポーツクラブを作る際にも非常に参考にされました。

　また、文化芸術活動について、たとえばフィンランドでは芸術活動も重要視されており、地域の芸術文化センターなどが学校と連携して子どもたちへ芸術活動を提供しているそうです。なんと地域における芸術やスポーツ活動の多くは無料で参加できるとのこと！

　スポーツ同様に、文化芸術活動を地域で支えるという視点も大切だと思われます。

　さて、このように主な活動場所（学校か地域か）、活動の活発さ、活動頻度、活動目的（競技志向、楽しみやレクリエーション志向、教育志向など）、先生の関わりなど、それぞれの国の文化や制度、環境、スポーツ観・教育観などによってかなり多様な放課後の過ごし方をしていることがわかりました。

日本の部活動においては、海外のスポーツ・文化活動のよいところを見習って、よりよい環境を目指していきたいものです。

とはいえ私は、部活動が日本独特の文化だったと知ったときは驚き、少し誇らしくもありました。自分が部活動に育てられてきたという気持ちがあったからです。

部活動環境が変わりつつあるいま、これまでの部活動の良さは受け継ぎつつ、今後も世界に誇れるような、青少年がスポーツや文化芸術活動に親しめる環境をみんなで協力して作っていく必要があると感じています。

部活動をすることのメリット

部活動に参加していることで、みなさんはどのような効果や自分自身の成長を感じますか？

タイムが早くなったり、上手にできるようになったり、指導者や先輩後輩との上下関係をうまくつくれるようになったりなど、実体験として感じている人も多くいると思います。

学問の世界では部活動の効果に関する研究がおこなわれていて、たとえば体力、ストレス対処能力、ライフスキル、コミュニケーション能力、キャリア形成能力など、いろいろな側面に部活動が関連していることが示されています。

簡単にまとめると、参加者にとって、身体的効果、心理的効果、社会的効

ストレス
ストレス対処能力
体力
LIFE
ライフスキル
コミュニケーション能力
UP
キャリア形成

果といわれるような幅広い恩恵が部活動にあると考えられているということです。

このような恩恵は参加者個人にとってプラスなだけではなく、保護者や学校の先生、さらには日本社会にとってもうれしいものです。これから日本を支えていくみなさんが成長してくれるわけですから。

先ほど紹介した学習指導要領にも部活動の恩恵について「学習意欲の向上や責任感、連帯感の涵養《かんよう》等、学校教育が目指す資質・能力の育成に資する（つまり、勉強に対するモチベーションが高まり、責任感や仲間意識が強くなり、学校の目標にとってプラスになるということ）」と書かれています。それもあって、学校では部活動が大事にされ、力を入れられてきたという背景もあるのでしょう。

それ以外にも、先生方にとっては授業以外の場面でみなさんの頑張りをみることができたり、保護者の方々にとっては比較的安く休日にも子どもを指導してもらえたり、地域の人にとっては地元・近所の学校の活躍を楽しみにしていたりと、いろいろな人の立場から部活動は重宝がられています。

日本最初の部活動

いまは学校に当たり前のようにある部活動ですが、いつから、どのようにはじまったものだと思いますか？　学校というものができた時からいまのように存在していたのでしょうか？　それともあるとき、偉い人が「部活動をつくろう！」と大号令をかけ、全国的にスタートしたのでしょうか？

少し歴史を覗いてみましょう。

じつは部活動のはじまりはいまの学校制度ができた頃、明治時代（1868

年〜）にまでさかのぼります。

現在の学校という制度は欧米の進んだ知識や技術を取り入れるために、明治時代に入ってから整えられてきたものですが、部活動のはじまりもその頃です。

外国から招かれた先生方は学問だけでなく、欧米のスポーツ文化を大学生たちに伝えました。それを受けて大学生たちが休み時間や放課後に楽しんでいた個人的・趣味的なスポーツ活動がしだいに組織化され、1883年、東京大学に「走舸組（そうかぐみ）」という運動部（ボート部）が誕生しました。

これが日本初の部活動だといわれており、その創設に尽力したのがストレンジ（F. W. Strange）さんというイギリス人教師だったそうです。

その後、種目も陸上部や水泳部、剣道部、柔道部、野球部、テニス部、サッカー部などに広がりを見せ、新聞部や弁論部、音楽部、学芸部などの文化部も登場してきました。

最初の頃は、部活動はいくつかの大学にあるだけでしたが、しだいに、ほかの大学や高校・中学校にも普及・拡大していきました。大正時代（1912年〜）に入ると全国大会も開かれるようになっていきます。そういえば「夏の甲子園」の名で有名な全国高等学校野球選手権大会は2022年で104回目。100年以上続く歴史があることがわかります。

いまでは中学校や高校で盛んな部活動ですが、はじまりは大学だったのでした。


部活動の歴史の切れ目、第二次世界大戦（1939年〜1945年）の頃は、部活動が鍛錬・訓練・農作業などの場として使われたり、一時的に休止してしまうなどの混乱もありました。しかし、戦争が終わってからはさらに部活動への加入率も高まり、顧問・指導者として先生方の関わりも拡大していきました。

部活動が現在のような全国規模の活動になるまでには、1つの部活からはじまる140年ほどにもなる長い歴史があったのですね。

なぜ、部活動の地域移行が求められているの？

そんな長い間、学校でおこなわれてきた歴史のある部活動をなぜいま地域に移行しなければならないのでしょうか？　このまま学校に残し続けることはできないのでしょうか？

このたび地域移行が進められている背景には、大きく2つの理由があります。

1つは「少子化」です。大きな社会問題として聞いたことがありますよね？少子化が進んできたことで、学校の生徒数や先生の数も減ってきました。具体的には、1986年に約589万人いた公立中学校の生徒が、2022年には約296万人とほぼ半分になってしまったほどで、今後もその傾向は続くことが予想されています。

生徒数は減っていますが、部活動数（部活動の種目・種類）はあまり減っていないため、1つの部活動に所属する部員数が減っているのです。部活動の種類が減る（選択肢がなくなる）のも嫌ですよね。野球やサッカーなどの団体種目でチームが組めない部活動も増えてきており、休部や廃部になってしまったり、合同部活動（近くの学校と合同で1つのチームをつくって活動する部活動）などでなんとか活動を継続しているケースもあります。

たとえば野球部の場合、人数が少なくてもキャッチボールなどはできるかもしれませんが、野球のルール通りの活動をしたり、試合に出たりするためには9人（部内で紅白戦など、試合形式の練習をするためには倍の18人）以上の人数が必要です。

もう1つは「先生の働き方改革」です。近年、学校の先生の多忙化が問題視されています。

国際的な調査（TALIS）では、日本の中学校の先生の労働時間は週平均56時間で、調査に参加した48カ国・地域の中で最長でした。参加国の平均（38・3時間）よりも約18時間も長くなっています。また、課外活動（放課後のスポーツや文化活動）の指導時間も週7・5時間と参加国中最長で、平均（1・9時間）を大きく上回っています。

過労死ライン（脳卒中や心筋梗塞などによる突然死等があったときに、働きすぎが原因と考えられるほどの労働時間）といわれる月に100時間以上の残業を、多くの先生がしているという調査データも出されています。しかも、それに見合う残業代は出ていないのです！

ほかの研究では、運動部顧問のワークライフバランスが顧問ではない先生よりも悪いことも示されました。特に、専門ではない顧問の場合、負担感がより大きいようです（運動部顧問の25％以上は自分が経験したことのない競技を担当しているようで、そのことも現在の部活動の問題点の1つです）。

そのようなブラック企業のような実態やイメージもあってか、近年は先生になりたいと思う人が減っているという大問題も発生しています。

先生の負担を減らすためにはいくつか方法が考えられます。

1つは先生を増やすこと。仕事量に比べて人が少ないのであれば、人を増やすことで1人ひとりの負担は減らすことができるはずです。しかし、人を増やすには多くの予算が必要になります。

もう1つは仕事を減らすこと。でも学校には大切な仕事ばかり。どの仕事を減らすべきか悩んだ結果、課外活動である（つまり、生徒がやりたくてやっているだけの活動であり、やってもやらなくてもいい活動である）部活動を減らすという案に至ったのでしょう。

少子化の状況や簡単には教育予算を増やせない（先生を増やせない）事情、そして部活動の持つ意義（重要性）などをあわせ考えて、部活動の地域移行が選択されていったのだろうと思われます。

ほかにもたくさんある部活動問題

●体罰・ハラスメント

一部の部活動ですが、指導者などからの体罰・暴力・暴言やセクシャルハラスメント（セクハラ）、パワーハラスメント（パワハラ）がニュースになることがあります。

「愛があれば大丈夫」なんて言う人もいますが、どのような事情や考えがあったとしても暴力をふるっていい理由にはなりません。

ちなみに、直接的な暴力だけではなく、暴言、嫌がらせ、脅し、非科学的な肉体的・精神的負荷（無意味な正座、水分補給をさせない等）も指導上許されないこととされています。

これら体罰などがあった場合には信頼できる大人に必ず相談してください。指導者と部員の間だけではなく、先輩後輩関係の中でも似たような問題が起こることもあります。

●ケガ・障害

運動やスポーツは適度に、適切におこなわれれば身体能力の向上や健康にとってプラスに作用するものですが、残念ながらやりすぎや安全管理の不徹底などからケガや障害としてマイナスに現れてしまうこともあります。

「生涯スポーツ」という言葉がありますが、たとえば中学校や高校の3年間だけではなく、その後の長い人生もスポーツや文化活動に親しんでいくためにも、体を痛めてしまうほどの活動は望ましくありません。

体はこれからの長い人生を共に歩んでいくパートナーですので、勝利などの目先のことにばかりとらわれず、大切にしてほしいと思います。

●バーンアウト・ドロップアウト

バーンアウト（燃え尽き症候群）という言葉を知っていますか？

それまで1つのことに没頭・集中していた人が、疲れ果ててやる気を失ってしまうような状態のことです。

中高の部活では3年間という短い間に大会でよい結果を出すために追い込みすぎてしまうことがあります。そうすると、途中で燃え尽きてしまったり、卒業後はもうそのスポーツや文化芸術活動をしたくないと思うようになるなど、その活動からの離脱（ドロップアウトともいいます）が起こることがあります。

せっかく好きでやっていたはずの活動なのに、長い人生のほんの一時期のせいで嫌いになってしまうのはもったいないと思いませんか？

やりすぎはケガや障害にもつながることですので、ガイドラインの休日・活動時間などを参考に適度な活動を心がけてください。

追い込みすぎが起こる背景には「勝利至上主義」といわれるような考え方がある場合もあります。「勝つことがすべて」、「勝てばいい」、そんな口癖の指導者はいないでしょうか？

もちろん、競いあって、勝利を目指していくことは大切ですし楽しいことです。しかし、そのためにズルいことをしたり、教育的な部分をないがしろにするようでは学校教育の一環であるはずの部活動として不適切です。

また、近年では生徒のニーズも多様化しており、「勝つことを目指さず、友達と楽しみたい」、「いろいろな種目を経験してみたい」、「毎日ではなく、週に2日くらいだけ活動したい」などという意見もあるようですよ。

●勉強との両立・キャリア形成

これも部活動のやりすぎに関係するのですが、部活動のし過ぎで勉強がおろそかになるパターンです。

これからみなさんは社会に出ていきますよね。みなさんが高めておく必要のある能力はどのようなものでしょうか？

いろいろな人生がありますし、部活動で高められる能力ももちろんありますので一概にはいえないのですが、将来なりたいものや目指したい人物像に近づくために勉強もやはり大切なのではないかと思います。

みなさんは「キャリア教育」などの言葉で働くことについて学んだことはないでしょうか？　スポーツの世界でもキャリアのことがたびたび問題になります。

スポーツ選手はいずれ引退の時期がやってきます。ただ、スポーツ選手の場合は引退してもまだまだ若く働き盛り。引退後すぐに余生・老後というわけにはいきません。

しかし、それまでスポーツしかしてこなかった人の場合、引退してからその専門性を生かしてできる仕事は非常に限られてしまいます（スポーツで培った能力を社会で生きる力にうまく転換できればいいのですが、そう簡単ではありません）。世の中、スポーツに関連する仕事ばかりではないため、スポーツで大活躍した人も引退後はある分野の初心者として慣れない仕事をやらなければならないこともあるのです。そして、それまでキャリアのことを全く考えていなかった選手は途方に暮れてしまう…ということが実際に起こっています。

そのような問題に対処するため、スポーツ界でも「デュアルキャリア（スポーツと両立してほかの仕事をすること）」、「セカンドキャリア（スポーツ引退後の仕事を考えること）」、「キャリアトランジション（人生における転機をうまく乗り越えること）」などのキーワードでスポーツ活動とそれ以外の社会生活の両立や橋渡しを応援しています。

これはプロスポーツを主眼とした話でしたが、部活動でも似たようなことが起こりえます。部活動に熱中するあまり、気づいたら周りは受験モードで完全に置いていかれていた。選べる進路はだいぶ狭まってしまっている。そんなことにならないように、いまから自分の人生全体を見据えた行動を選択してほしいと思います。

ただし、これらの問題のほとんどは部活動を地域に移行したとしても起こる可能性のあるものです。

おそらく、新しい問題も生まれてくるでしょう。それらも含めて、よりよいスポーツ・文化芸術環境やシステムをつくろうと議論が進められているところです。

3 部活動以外にどんな選択肢がある？

放課後には可能性がいっぱい

さて、これまでは放課後の活動といえば部活動が主力で、あまり深く考えずとも、自分の学校にある部活動から興味のあるものを選べばよい状況でした。実際に8～9割と多くの生徒が部活動に所属していましたね。

しかし今後、部活動が地域移行されていくと、部活動のかわりとなる活動の選択肢は地域に広く開かれます。そのぶん選択肢は多くなり、「自分で選ぶ」、「自分で決める」ということが大切になってきます。

選択肢がたくさんあると選ぶのが大変そうですが、納得のいく選択をするためにもまずはどのような選択肢があるのかをみてみましょう。

考えられる主な選択肢

●学校部活動

地域移行が進められたとしても、一部の部活動は存続する可能性がありま す。たとえば、種目や活動頻度を縮小しての活動やその地域や学校にゆかりのある文化的活動は学校部活動として残るかもしれません。

私立学校などではいままで通り（もしくはいま以上に力を入れて）部活動をおこ

ない、学校の魅力をアピールするケースもありそうです。

学校でおこなわれる部活動には、先生から教育的な（または学校教育と関連した）指導が受けられること、学校の仲間と活動できること、学校の居場所になること、放課後すぐに実施できるため時間や移動のコストが少ないことなど、メリット（や相対的な楽さ）もたくさんあります。

また、近くの学校どうしが協力して、合同チームをつくるということもありえます（拠点校方式、合同部活動）。

もし、自分の学校に部活動があるのであれば、引き続き有力な選択肢となるでしょう。

●地域スポーツクラブ、地域文化クラブ

比較的部活動に似ていて、専門的な経験を求めるのであれば、地域のスポーツクラブや文化クラブがあげられます。

いまでも部活動ではなく地域のスポーツクラブで活動している人もかなりいるのではないでしょうか？　その種目や文化に関する専門性を持った方が指導者である場合が多いため、上達への近道かもしれません。ただ、部活動に比べると会費などでお金が多くかかるのが難点です。

地域のスポーツクラブの中でもヨーロッパをモデルとした「総合型地域スポーツクラブ」は子どもから高齢者まで（↓多世代で）、さまざまなスポーツを愛好する人々が（↓多種目で）、初心者からトップレベルまでそれぞれの志向・レベルにあわせて（↓多志向で）活動できるという特徴を持っているため、こ

れからのスポーツ環境を担う母体として期待されています。すでに全国で3500クラブほどが設立運営されています。

1つの種目だけを取り扱っている場合や複数のスポーツができる場合、競技志向や楽しみ志向など、それぞれのクラブによって特徴がありますので、地域にどのようなクラブがあるのか、自分の求める活動スタイルにあいそうか、一度比べてみてください。

●スポーツ少年団

非常に歴史が長く、日本スポーツ協会(JSPO)を筆頭に全国に展開している組織です。「スポーツ」と名がついていますが、その中で社会活動、学習活動、文化活動もおこなわれていますので、文化部の受け皿にもなれる可能性があります。

1962年に創設され、いまでは全国に3万団ほどが登録されています。現在は小学生の所属が多いですが、部活動の地域移行にともなって、中学生、高校生の活動の場としても期待されています。ただ、現状では指導・運営の主体が保護者の場合が多いため、自分の子どもが抜けてしまった後の関わりの継続性や指導の専門性に若干の課題があります。

スポーツクラブ（法人）よりも簡単に設立できるため、これから増えていく可能性を秘めた組織です。

●習いごと、塾

民間のスポーツクラブ、文化クラブに近い部分もありますが、月謝を支払ってレッスンを受けるような形態のものです。

スイミング、ピアノ、習字など、子どもの頃に習っていたという人も多いのではないでしょうか？　その選択肢は多岐にわたりますので、自身の地域でどのような習いごとがあるのか調べてみてください。

地域にフィットネスクラブ（いわゆるジム）がある人であれば、会員登録してトレーニングに通うことも一案です。現状では年齢制限がある場合もありますが、部活動の地域移行にともなってターゲットとなる中高生が増えてくれば、中高生向けの魅力的なプログラムがつくられていくでしょう。

また、塾に通っている人もいると思いますが、それも習いごとの一種です。スポーツや文化芸術活動と並べたときの選択肢の1つとして、塾で自分の能力（学力）を高めることもありだと思います。スポーツ系や文化系のほかの活動との両立も可能でしょう。

●アルバイト

「スポーツや文化芸術活動を習う」という経験とは大きく異なりますが、学校や保護者が許可してくれるのであればアルバイトで就業体験・社会経験を得ることもできます（中学生ができるアルバイトはあまりないかもしれませんが）。

コロナの影響で変動もありますが、2019年には約83万人の高校生が、2020年には約61万人の高校生がアルバイトをしているというデータもあります。きっと将来の仕事に対する考え方が変わるような経験になるでしょう。

●委員会活動、ボランティア活動

生徒会活動、委員会活動など、学校環境をよくするためにおこなわれている活動に関わるという方法もあります。部活動とはやや異なりますが、学校の先生の指導やサポートを受けることができたり、学校での居場所になったりと部活動にあるようなメリットを受けながら、授業とは違った経験をすることができるでしょう。

学校や地域で企画されているボランティア活動などもあるはずです。単発的なイベントから定期的なものまでいろいろとあると思いますので、自分の想いに重なるボランティア活動に参加してみるのもいいと思います。

自分たちで活動をつくる！

いろいろと選択肢の例をあげてみましたが、やりたい活動や活動しやすい団体が近くになければ、自分たちで活動や団体（同好会・サークル的なもの）をつくってしまうのも1つの手です。

部活動の歴史のところで少し触れましたが、そもそもの部活動はやりたい人たちが集まって、やりたいことをやる小規模な自主活動集団でした。

スポーツでも、文化芸術でも、科学でも、勉強でも、内容はどんなことでもいいですし、形にこだわる必要もありません。1人で取り組んでもいいし、友達と相談したり楽しさを共有したりしながら仲間を増やしていくのも楽しいでしょう。なにか大会やコンテストを目指したり、成果発表の場を求めたり、資格取得にチャレンジするのもワクワクします。上達したければ、教えてくれそうな人を探すこともいい作戦です。

みなさんだったらどんなことをやりたいですか？　私の経験を少し聞いてください。

筆者の経験談
〜運動部活動と音楽活動〜

私はかなり部活動に熱心だったほうだと思います。地元（秋田県大館市）には小学校にも部活動がありましたので、夏は軟式野球部、冬はクロスカントリースキー部で毎日のように活動していました（いま思えばシーズンスポーツ制ですね！）。

中学校でも両方の部活に取り組んでいましたが、両立できたのは1年生のときのみで、2年生からは野球部に集中しました。

高校ではアーチェリーという競技に出会い、アーチェリー部の活動にのめり込んでいきます。競技人口が少ないことも手伝って、インターハイや国体にも出ることができました。

大学へはスポーツ推薦で進学し、アーチェリー部で主将も務めました。その後も大学院に通いながら、大学アーチェリー部のコーチとして指導に関わり続けました。

いまはスポーツ教育学やコーチングを専門とする研究者として、部活動のことを考え続けています。こうやって文字にしてみると完全に部活人間ですね（笑）。


一方で、部活動以外にも取り組み続けてきたことがあります。それは音楽活動です。小さい頃からピアノは習わせてもらっていましたが、大してうまくはなりませんでした（発表会で大失敗したこともあります…）。

でも、小学6年生の頃に実家の屋根裏部屋でみつけたフォークギターは好きで、コードが押さえられずに挫折しかけながらもなんとか練習を続けました。そしていくつかコードが押さえられるようになってくると、自然と自作の歌を歌うようになりました。

少しできるようになってくると、やはり友達と一緒にやりたくなり、2人組のユニットや数人でバンドのようなものを組みはじめます。

地元の商店街や河川敷で歌ったり、大人に混じって喫茶店のミニライブに出たり、高校の学校祭でバンド演奏をしたりしていました。

同級生のお父さん（社会人をしながら地元を中心にバンド活動をしている方）がその頃の音楽の師匠でした。

そして大学1年生のときに組んだのがいまも続けているBurGerK（バーガーケー）というバンドです。2006年結成ですからかれこれ16年ほどになります。

大学生のうちはライブに出たり、ヤマハなどのコンテストに出場したり、CDを自主製作したりとそれなりに精力的に活動していました。

大学卒業後、私は大学院に進学しましたし、メンバーそれぞれ社会人にな

BurGerKのメンバー。左から2番目が筆者

バンド名の由来は筆者の出身、秋田県の方言「ばがけ：馬鹿野郎」から

っていきましたが、転職したり、結婚したり、子どもが生まれたりしながらも、解散することなく続けてきました。そしていまも、新しい曲やミュージックビデオなどをつくり続けています。これからもできうる限り、ライフワークとして続けていきたい

活動です（もし興味を持っていただけたなら、YouTubeやサブスクリプションサービスなどで検索してみてください！）。

この音楽活動のように、１人の興味から友達との活動に広がり、コンテストに挑戦したり作品をつくったりという活動も、グラスルーツ的な部活動のようなものとみることもできます。自分たちで活動をつくる一例として参考にしていただければ幸いです。

4 放課後の自由時間、どんな過ごし方を選ぶ？

放課後をデザインする

ここまで、部活動が変わっていくというお話をしてきました。変わったなら変わったなりに、どこか身近なところでとりあえず活動するというのも1つの方法でしょう。

しかし、そんなふうに受け身であってもなにかしらの活動ができるならばまだいいほうで、学校という最も身近なところでの部活動が縮小し（またはなくなり）、学校外に選択肢が増えるからこそ、自分自身で選び取っていかなければ、「青春をダラダラと無駄に過ごしてしまった！」なんてことにもなりかねません。

もちろん、休息も大事ですし、ダラダラと過ごす自由もあります。あくまでも、それがみなさんの選んだものであるならば。

でも、もし不本意にダラダラと過ごしてしまう人がいるとしたら、この本でそれを変えるお手伝いができればと思っています。

1つ前の章で、放課後にはいろいろな選択肢があることをお話ししました。どうでしょう。頭の準備体操になりましたか？

ここではさらに一歩進んで、放課後をどのようにデザインするかをみなさんと一緒に考えてみたいと思います。

つまり、放課後になにをするか、どれくらいするか、いつするか、どこでするか、誰とするか、どのように過ごすか、そんなことを考えようということです。

のちほど登場しますが、みなさんの思考を促進するための簡単なワークをいくつか用意しましたので、ゲーム感覚で楽しくやってみましょう。

1つ1つは些細なワークですが、いまを楽しむことや将来をつくること、自分自身が成長することにきっと役立つはずです（放課後の時間って、いまこの瞬間を楽しむことも大事ですし、未来のための準備期間でもありますよね。本書の中心は部活動の話ですが、部活動→放課後→進路・キャリア→人生は緩やかにつながっているので、少し将来の話も含めて考えてみます）。

すでになにかに取り組んでいる人も、もっと素敵でワクワクする時間の過ごし方がないか、いまの生活にアップデートできる部分がないかを探してみましょう。

放課後と休日の時間はどれくらいあるの？

なにをやるにしても、どれくらいの時間があるのかがわからなければ計画は立てづらいものです。計画を立てる前に、まずはどのくらいの時間があるのかを計算してみます。地域や家庭、個人の事情によって違うとは思いますので、あくまでも簡易試算ということで。

年間の土日祝日は約120日あり、夏休み、冬休み、春休みなどがあるとして、ざっくりと365日中165日は休日であると考えてみます。

休日には10時〜18時まで、お昼を1時間とったとして7時間くらいは自由時間が取れるとしましょう。すると7時間×165日＝1155時間となります。

NO PLAN

英語が話せるように
友達とサッカーしたい
スノボがうまくなりたい
彼女がほしい
映画をたくさん見たい
映像関係の仕事に就きたい
留学したい
ゲームしたい

また、平日の放課後の時間です。学校は16時頃には終わるはずですので、そこから寝るまで、少なくとも3時間ほどの自由時間は取れると考えると、3時間×200日＝600時間の自由時間が現れます。

休日と平日を足すと年間1755時間となります。

学校に通っているのが年間200日で、朝8時から16時まで過ごすとすると、8時間×200日＝1600時間。

なんと、学校で過ごす時間以上の自由時間をみなさんは持っているのです。

この時間、いままでなにに使っていましたか？

もったいない時間の使いかたはありませんでしたか？

これからなにに使いましょう？

1755時間を必ずしも1つの活動に費やさなければいけないわけではありません。さあ、みなさんはこの時間をどのようにデザインしますか？

ワークの全体像

なんとなく漠然と考えてもよいデザインをするのは難しいので、本書では足掛かりになる6つのワークを用意しました。記入例を参考にしながら、ノートや白い紙（コピー用紙）などに書き込んでいくスタイルのワークです。

簡単に全体像を説明します。まずはワーク❶「WANT」でやりたいこと、やってみたいことを探し、ワーク❷「HOW」でそれを実際にどのようにすればできるのかを考えます。

続いて、ワーク❸「MUST」でやるべきことや期待されている役割を確認します。

ワークの全体像

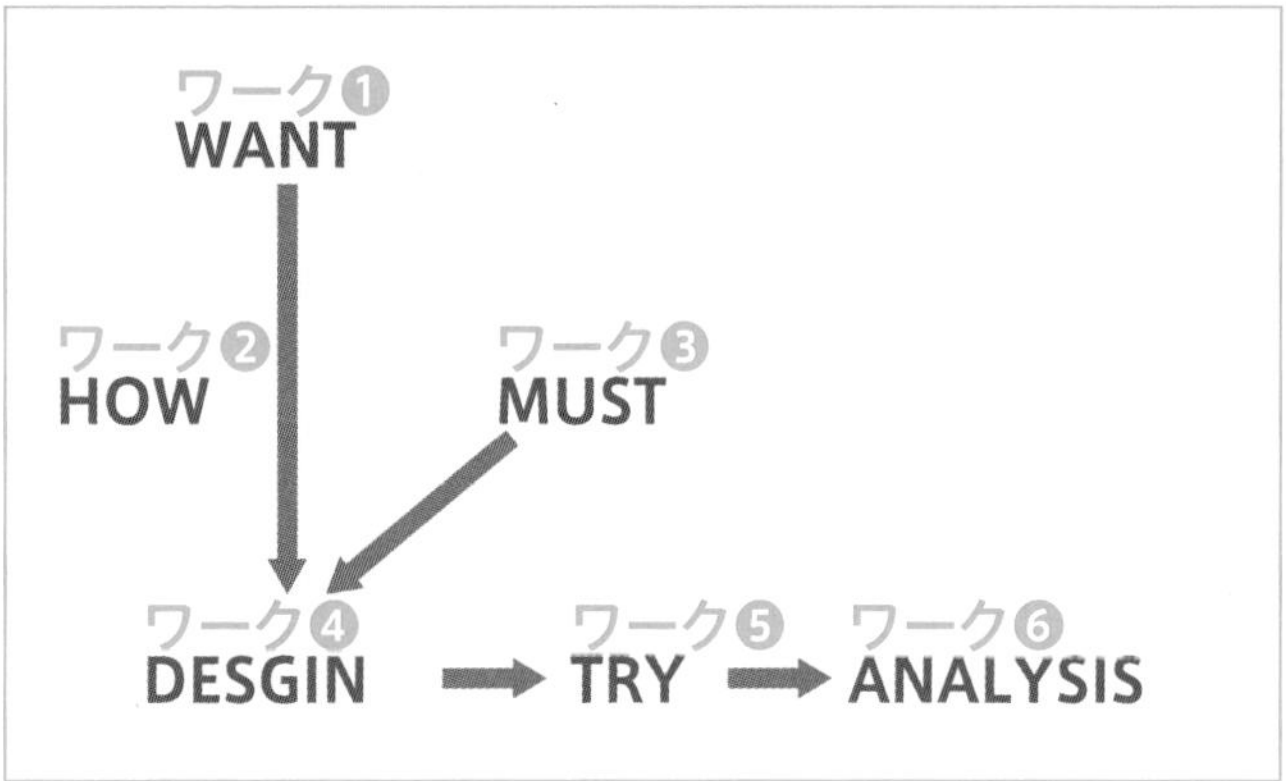

そして、ワーク❹「DESGIN」で実際の放課後の過ごし方をスケジュールします。

次の章になりますが、一歩プラスしてそこから学びを得るために、ワーク❺「TRY」とワーク❻「ANALYSIS」で実践と振り返りをするという流れです。

詳しい手順はそれぞれのワークで説明しますので、ここではなんとなく全体像をイメージできればＯＫです。では早速、やってみましょう！

・頭の中で考えるだけよりも、実際にノートなどに書きだしたほうがワークの効果が高まります。

・いくつかのワークには「＋α」のワークを添えています。「＋α」はやらなくてもワークのねらいは十分達成できると思いますが、もし余裕があったら取り組んでみると、より深くそのワークが機能します。

・ワークによっては、考えるのにエネルギーが必要だったり、心理的に負担になる場合もあるので、しんどくなったら中断しましょう。メンタルが弱っているときには向きませんので、こんなワークもあるんだなという程度に眺めてください。

ワーク① 「WANT」やりたいことを考える

まずは自分がなにをやりたいと思っているのか、探ってみよう。また、とにかくたくさんやりたいことをあげてみると、そこから自分の価値感や願いがみえてくる。

自分はどんなことを求めているんだろう？

▼［手順1］

表1を参考に、ノートなどにこれからの人生でやりたいことをできるだけ多く書き出そう。目標は100個！

表1. 人生でやりたいことリスト（記入例）

①	友達とサッカーしたい
②	スノボがうまくなりたい
③	彼女が欲しい
④	花火大会に行きたい
⑤	桜祭りに行きたい
⑥	英語が話せるようになりたい
⑦	映画をたくさん見たい
⑧	映像関係の仕事に就きたい
⑨	留学したい
⑩	ゲームしたい　　　などなど…

ポイント★

・やってみたいことだけでなく、行きたい場所、欲しいもの、会いたい人、できるようになりたいこと、知りたいことなどもＯＫ。

・できるだけ細かく書くのがポイント（たとえば、「海外旅行に行きたい」と書くよりも、「ハワイに行きたい」、「ニュージーランドに行きたい」、「カナダでオーロラが見たい」などと書いたほうがより具体的だ。ただし、数を埋めるために適当には書かず、本当にやりたいと思うことだけ書いてほしい）。

・書く手が止まったら手順2へ進もう。

▼［手順2］

もしかして、知らず知らずのうちに制約を設けていないだろうか？

「まだ子どもだから」、「お金がないから」、「きっと無理そうだから」、なんて考えが頭をよぎるなら、そんな制約はいったん脇に置いて、「もしもなんの制約もなかったら（お金があったら、自由だったら…）」というように前提条件や思い込みを外して人生でやりたいことを考えてみよう。

ポイント★

・さっきの続きに書き足していこう。
・だんだん出にくくなっても頑張って絞り出す。絞り出そうとウンウン悩むこの時間が大切だ。
・気分を変えるために歩き回ったり、友達や家族などほかの人のやりたいことを聞いてみてもいい。

▼［手順3］

次の質問への答えをノートなどに書き出そう。

ワーク❶「WANT」

質問❶ 書き上げたやりたいことリストの中で優先順位が高いものはどれですか？　人生の中で絶対にやりたいものはどれですか？　中学生または高校生のうちにやってみたいことややっておきたいことはどれですか？

質問❷ やりたいことリストを全体的に眺めてみてください。あなたはどんなことに価値を感じていると思いますか？　あなたにとって大事なことはなんでしょう？

質問❸ 手順2で「なんの制約もなかったら」といわれる前と後ではなにが変わりましたか？　あなたが感じていた制約（心のブレーキ）とはなんでしたか？

ワーク❷「HOW」どうやったらできるか

ワーク❶でやりたいことリストにあがったものはどうやったら実現できるだろうか。その中でも特にこの中学生活または高校生活でやりたいことを5つほど取り上げ、どうやったら実現できるかを考えてみよう。

▼[手順1]

表2を参考に、やりたいこと、どうしたらできるかをノートなどに書いてみよう。

表2. 実現方法検討リスト（記入例）

やりたいこと	どうやったらできる？ （どこで？ なにが必要？ どんな障害がある？）
友達とサッカーしたい	・〇〇スポーツクラブに入る→場所は〇〇町1丁目、会費〇円、入会金〇円、試合の際は送迎が必要、活動は月水金のみ ・〇〇公園で友達とやる→サッカーボールが必要。ゲームをするには友達を3人～5人は集める必要がある。他の人が使っている場合もある。
英語が話せるようになりたい	・英会話スクールに通う→駅前にいくつかある。Aスクールは月謝〇円（個別指導が売り）、Bスクールは月謝〇円（クラスの他の友達も通っているらしい） ・参考書を買って勉強する→TOEIC対策にはなるだろう。懸念点は会話がどのくらい上達するか。メリットは安いところ。英語の先生にオススメの参考書を聞いてみる。

ポイント★

・調べ方としては、インターネットで調べる、図書館や本屋で本を探す、親や先生に聞いてみる、関連する団体に問い合わせてみる…などがあるよ。

▼［手順2］

次の質問への答えをノートなどに書き出そう。

質問 現実的なもの、実現可能性の高いものはどれですか？

ワーク❸「MUST」やるべきことを確認する

ここまでの2つのワークでやりたいことやそのやり方が少しみえてきたことだろう。

でも将来へとつながる放課後の過ごし方を考えるためにはそれだけじゃ十分とは言えない。

このワーク❸で「やるべきこと」を確認して整理しよう。

まわりの人たちはいつも君になにを求めているだろうか?

どんなアドバイスをくれるだろうか?

大人からの「○○しなさい」、「○○してはいけないよ」などの言葉は経験のある人生の先輩からの貴重な意見だったりする。

このワークを通して、周りの人が応援してくれていることや心配してくれていることなんかを感じることもあるだろう。

一方で、よくよく考えてみるといままで「常識」、「当たり前」、「○○しなければならない」と思っていたことがじつは思い込みで、もっと自由にやってもいいのかも、なんてことにも気づけるチャンスでもある。

▼［手順1］

ノートなどにいまのところ考えている卒業後の生活や方向性（進学先や目指す職業など）を書いてみよう。

ポイント★

・ワーク❶で確認した自分が大事にしていることを実現できる職業やそこに近づくための進路を考えてもいい。

・ワーク❶で考えたやりたいことと直接関係している人もいるだろうし、

「それはそれ、これはこれ」で全く関連しない人もいるだろう（それももちろんＯＫだ）。

▼［手順2］

卒業後の進路や方向性を考えたとき、やらなければならないことや必要なことはなんだろう。得るべき知識、能力、経験などにはどのようなものがあるだろうか。ノートに書き出そう。

▼［手順3］

表3の例を参考に、親、先生から求められている役割、期待されていること、課されているルールをノートなどに書いてみよう。

枠を最初に書くとやりやすい。ほかにも祖父母、部活動の顧問や指導者、友人など、あなたになにかを求める対象や人（登場人物）がいれば、その人たちから求められていることも書いてほしい。

▼［手順4］

求められる役割を考えるための少し変わったワークに取り組んでみよう。

①まずはどこかに座ってほしい。

②次に、座っている場所（A地点とする）から立ち上がって、数歩移動して（その場所をB地点とする）振り返り、A地点をみてみよう。

③A地点に「あなた」がいることを想像し、B地点にいるあなたは「親」の立場・考えになりきってみよう。さて、「親」の立場であるあなたはA地点にいる「あなた」をみてどんなことを感じる？　どんなことを求める？　どん

ワーク❸「MUST」

表3. 求められていること（記入例）

	求められている役割、期待されていること、課されているルール
親から	・ちゃんと勉強すること ・ゲームは1日1時間まで
先生から	・遅刻しないこと ・宿題を出すこと
サッカークラブ指導者から	・練習に遅れないこと ・次の大会でベスト4以上に残ること ・あいさつ

なことを期待する？

④実際に声に出して（声に出せない場合は心の中で）想像上の「あなた」に話しかけてみてほしい。

⑤続けて、「先生」やそのほかの登場人物にもなりきって、想像上の「あなた」に話しかけてみよう。どんな感情や言葉が湧いてくるだろう？　出てきた言葉はノートに書き加えよう。

＋α　親や先生、そのほかの登場人物で聞けそうな人がいたら、あなたに求めている役割や期待していることなどを実際に聞いてみて、ノートなどに書いた表に書き足そう。

立ち位置を変えるワークのイメージ

▼［手順5］

次の質問への答えをノートなどに書き出そう。

質問❶ 求められている役割、期待されていること、課されているルールのなかで、絶対に守らなければならないものや優先度の高いものはどれですか？

質問❷ あなたが「〇〇すべきだ」、「絶対に守らなければいけない」、と思い込んでいたもの（よく考えると、しなくてもいいと思えるもの）はありますか？

ワーク④ 「DESGIN」スケジュールを立てよう！

ここまでのワークで集まってきた情報から、本当にやりたいことややるべきことを選んで、実際のスケジュールにまで落とし込むワークだ。

注目する期間の長さを変えて、長期的、中期的、そして短期的なスケジュールを立てよう。

いよいよ放課後のデザインだ。現実的にはすでに実施していることや求められていること、課されている役割やルールなど、いろいろな制約があるかとは思うけれど、いまのあなたの生活に、少しだけでも、やりたいことややるべきことが組み込めたら成功だ。

▼[手順1]

長期的な（いまから現在通っている学校卒業までの）スケジュールを考えよう。中学生なら中学校卒業まで、高校生なら高校卒業までという感じだ（人によって期間の長さは違う。入学直後なら3年間だし、3年生なら残り1年間となる。）。すでに部活動や塾などに入っている人も隙間の時間を使ったり、現在の活動と並行して、できることを考えてみよう（今やっている活動の頻度などを変えることも一案だ）。図1を参考にノートなどに書き込んでほしい。

ポイント★

・たとえば学校の試験期間など、ほぼ確実にある（取り組むべき）スケジュールは先に書き込もう。
・ワーク❶❷❸で出たアイデアやキーワードも参考にしよう。

図1. 学校卒業までのスケジュール（記入例）

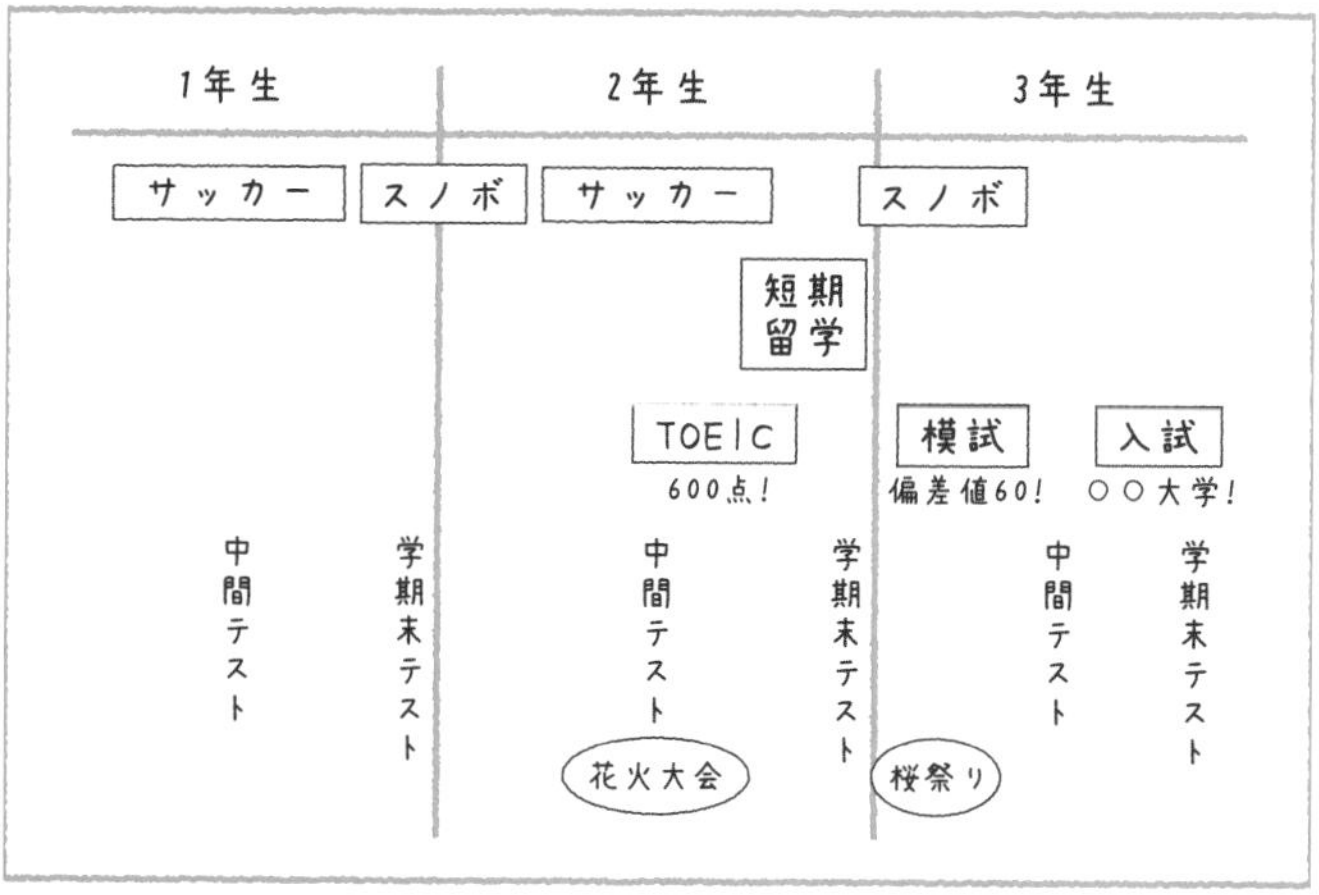

▼［手順2］

次に、中期的な（明日から約1か月間の）スケジュールを考えよう。図2を参考にノートなどに書き込もう。最初にカレンダーの枠を書くとやりやすい。

▼ある人のスケジュールデザイン例

やりたいこと・興味のあること

1）サッカーを楽しみたい
2）スノーボードがうまくなりたい
3）英語が話せるようになりたい。できれば留学したい
4）友だちと一緒に映画を撮りたい
5）将来はスポーツ関係や映像関係に仕事に興味がある

ワーク④「DESGIN」

図2.1か月間のスケジュール（記入例）

月	火	水	木	金	土	日
／	／	／	4／14	4／15	4／16	4／17
			サッカー			
4／18	4／19	4／20	4／21	4／22	4／23	4／24
サッカー	バイト	サッカー		課題締切！ サッカー	○○と ロケハン	
4／25	4／26	4／27	4／28	4／29	4／30	5／1
サッカー	バイト	サッカー		ゴールデンウイーク！	家族旅行	家族旅行
5／2	5／3	5／4	5／5	5／6	5／7	5／8
サッカー	←←←	映画撮影！	→→→	サッカー		練習試合
5／9	5／10	5／11	5／12	5／13	5／14	5／15
サッカー	バイト	サッカー	実力テスト	実力テスト		
5／16	5／17	5／18	5／19	5／20	5／21	5／22
サッカー	バイト	サッカー	サッカー			

ポイント★

・学校の試験期間など、ほぼ確実にある（取り組むべき）スケジュールは先に書き込む。

・ワーク❶❷❸や長期的なスケジュールも参考にしよう。

▼［手順3］

最後に短期的な（来週1週間の）スケジュールを考える。図3を参考にノートなどに書き込もう。最初に曜日と時間の枠を書くと取り組みやすいだろう。

ワーク④「DESGIN」

図3.来週1週間のスケジュール（記入例）

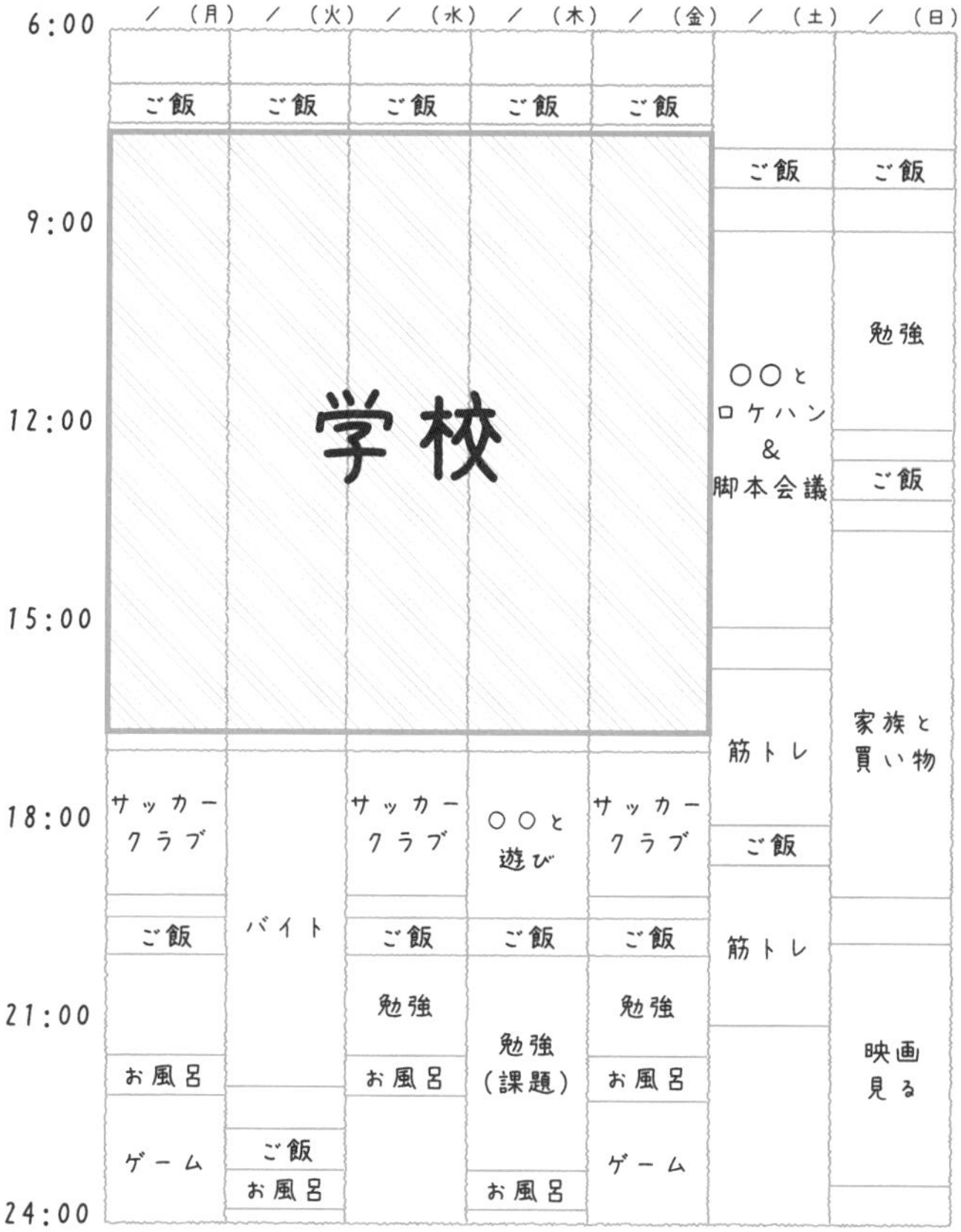

ポイント★

・ポイントはキツキツではなく、少しゆとりを持ってスケジュールを立てること。予定を入れない空白の予備日や予備時間をスケジュールの中に組み込んでおくのもよい方法だ。そうするとなにかの事情で予定が消化できないときにもリカバリーできる。

・ワーク❶❷❸や長期的、中期的なスケジュールも参考にしよう。

+α　もう少し長いスパンの予定を考えてみよう。たとえば、「5年間」、「20年間」、「人生全体（たとえば100年間）」などやってみたい期間を決め、どの時期にどんなイベントがありそうか、いつなにをしたいか、などを125ページ図1のように横軸で書いてみる。長い期間を考えると逆にいまなにをすべきかがみえてきたりする。

5 選んだ場所で成長するために

経験から学びを取り出す

さて、ここまでのワークお疲れさまでした。みなさん納得感のあるスケジュールは立てられたでしょうか?

ワークはここでひと段落、なのですが、この本の大切な目的の1つに「読んだみなさんに成長してもらうこと」があります。そのためのワークをもう2つだけ用意しました。

ワーク❹で書いた長期的・中期的・短期的なスケジュールはみなさんが選び取った行動計画です。いわば、みなさんが決めた未来です。

せっかくならば、それが絵に描いた餅にならないように、自分の実りとなるようにしてほしいと思います。ここではどれだけトライ＆エラーができるか、しっかり経験して、経験から学びを取り出せるかが大切です。

ワーク⑤ 「TRY」計画通りにやってみよう！

計画した短期的スケジュールに沿って、1週間を過ごしてみよう。実際にやってみると、感じることや気づくことがあるはずだ。1週間を実際に体験すること、そしてデータを蓄積することがこのワークの目的だ。

▼［手順1］

ワーク❹で書いた1週間のスケジュールに沿って生活してみよう。そして、毎日簡単な日誌をつけてほしい。次ページの図のような枠をノートなどに書いておくとまとめやすい。

日誌

	/（月）	/（火）	/（水）	/（木）	/（金）	/（土）	/（日）
今日の出来事							
できたこと							
できなかったこと							
気づき							

ポイント★

・日誌では、今日の出来事（一言日記）、予定通りできたこと、できなかったこと、気づいたことを書く。

ワーク❻ 「ANALYSIS」振り返りとアップデート

1週間お疲れ様。おそらくいつもと少し違う1週間だったことだろう。それでは最後のワークで、この1週間の経験を振り返ってみよう。経験は宝の山だ。そのまま忘れてしまうのはとてももったいない。みなさんはどんな気づきをみつけられるだろうか?

▶[手順1]

まずはこの1週間に書いた日誌を見直してみよう。それから次の質問への答えをノートなどに書いてほしい。

質問❶ できたことの特徴はなんでしょうか？　あなたが好きなこと、得意なこと、大事にしていることなどが隠れていませんか？

質問❷ できなかったり、やらなかったことの特徴はなんでしょうか？あなたの言い訳やブレーキにはどんな特徴やパターンがありますか？

質問❸ スケジュールを改善するとすればどのようなことが考えられるでしょうか？

▼［手順2］

改善点を踏まえて、ノートなどにあらためて来週1週間のスケジュールを立ててみよう。

▼［手順3］
次の問いへの答えをノートなどに記入しよう。

質問　6つのワークを通じて、どんな気づきや学びがありましたか？　あなたにとって大事なことはなんですか？　あなたはどんな人ですか？

お疲れさまでした。ワークに取り組んでみていかがでしたか？　やりたいことややるべきことが明確になった、どうやってやればいいかがわかった、考えが整理された、スッキリした、自分のことを知れた、やる気がわいてきた、おもしろかった、放課後が楽しみだなど、少しでもそんな感想を持ってもらえたら、とても嬉しく思います。

202X年、どこかにあってほしい放課後の風景

～入学後、学校の放課後～

生徒A「ねえねえ、放課後なにするか決めた？」
生徒B「どうしよっかなあ、いろいろやりたいことはあるんだけど…」
生徒A「選択肢多くて迷うよね。部活、アルバイト、ゲーム…」
生徒B「迷う～」
生徒C「それだったら、この本で放課後デザインしてみたら？」

生徒ＡＢ「放課後デザイン⁉」

〜ワーク終了後〜

生徒Ａ「だいぶわかったわ」

生徒Ｂ「俺も。調べてみたらけっこうサッカーできる団体あったし、それぞれの団体で大事にしてることとか活動内容が違うこともわかった」

生徒Ａ「どのくらいやるつもり？」

生徒Ｂ「そうだな、ほかにもやりたいことあるから週３くらいでやるつもり」

生徒Ａ「いいね。俺は学校のテニス部でしっかりやって県大会目指すことにした！」

生徒B「おー。あとさ、一緒に映画撮ってみない？　将来映像系の仕事に興味があって、とりあえず自分でやってみたくて」
生徒A「おもしろそう！　水曜と土日は部活ないからできるよ。◯◯と△△も誘おうぜ」
生徒B「OK。機材買うためにバイトもしないと」
生徒A「忙しいな（笑）」
生徒B「そうよ。やっぱ映画人は英語もできなきゃいけないから勉強もしないといけないしな」
生徒A「俺も負けてられん！」

なんだかワクワクが伝わってきますね。こんなふうに、放課後は自分たちでデザインするものだという考え方が、中高生に広がってくれるといいなと思います。

これまでは大多数の生徒が部活動を選択し、ある意味受動的(なにかに入らなければいけないから、なにかに入るのが当たり前だから、前からやっていたスポーツだったから、友達が入ったから、新入部員勧誘で誘われたからなど)にでも部活動に取り組んでいました。もちろんその中で楽しさに気づいたり、成長したりもしていました。

しかし、おそらく今後は放課後の活動に多くの選択肢や多様性が出てきます。これまでのように受動的なスタイルでは、なににも所属せずに不本意ながら無為な時間を過ごしてしまうという生徒が出てきてしまうでしょう。

大事なことは自分の時間を自分でデザインすること、選び取ることです。

自分の心に寄り添って。

エピローグ

最後までお読みいただき、ありがとうございました。

本書は中高生を対象に、部活動や地域のスポーツ・文化芸術活動の実態について理解してもらうこと、自分を知り、放課後の時間の使い方を自分でデザインしてもらうことを主な目的としていました。

読み終わったいま、どれほどそれが達成されているでしょうか？　少しでも部活動についてわかったとか、自分自身を理解できたとか、明日が楽しみだと思っていただけたならよいのですが。

これからの時代、選択肢も多様になることで、受け身の姿勢ではなかなか良質な体験ができなくなっていく可能性があると考えられます。すべての子どもがスポーツや文化芸術に親しめるようにすることは大人の役目ですが、現実にはそうなっていない部分もあります。みなさんが受け取ることのできる恩恵はいつの時代も大人の事情に左右されてしまうのです。

でも、もともとはその時間は自分のものであるはずです。与えられることを待たず、ちょっとでもおもしろく、ちょっとでもよい時間になるように、自分たちで考えてほしいのです。

そして、みなさんにはそれができると信じています。自分で考えるという力は、いまも、この先の人生でも、きっとみなさんをよい方向へ向かわせてくれるはずです。

やりたいことはやっていい。やりたくないことは無理にやらなくていい。自分の心に聞いてみよう。そんなシンプルなことを伝えたくて、この本を書いたのかもしれません。

みなさんが充実した日々を過ごせるよう応援しています。

大人の皆様へ

本書は主に中高生に向けて、自分たちの時間について自分たちで主体的に考えようというメッセージを込めて執筆いたしました。

しかし、未成年であり、発達の途上でもある彼らには大人の導きも不可欠です。大人の教えを無視してもよいという意図はなく、何事も思考せずに鵜呑みにするよりは自分の頭で考え、必要なものは受け入れようというスタンスで書かせていただきました。

また、ワークは「パーソナルコーチング」の理論を土台としています。

6つのワークを通して、自分を理解し、理解した自己を他者との関係や社会の中で生かしていく（自己一致）というパーソナルコーチングの主要な作用を体験できるように構成しています。

できるだけわかりやすくしたつもりではありますが、もしも子どもたちが取り組む中でつまずく部分などがありましたらお力添えいただけますと幸いです。

これらのワークは、部活動やクラスなどの集団で取り組んでいただくこともできます。その際、人にみられたくない（みられると思うと本音で取り組めない）という声もあろうかと思いますので、「ほかの人のワークを覗かない」、「ここで聞いた話をほかの人に言いふらさない」、「話したくない内容は無理に発表しなくてもよいようにする」などの工夫とご配慮をお願いいたします。

ちなみにこのワーク、大人も余暇時間などを考える際に使うことができます。ご興味のある方はぜひ取り組まれてみてください。

あとがき

部活動改革をめぐる混沌の中、本書は主に2022年の夏から秋にかけて執筆いたしました。執筆中も状況や方針、各地域の動向が小さからず動いているのを日々感じていました。2022年12月にスポーツ庁と文化庁の連名で出された「学校部活動及び新たな地域クラブ活動の在り方等に関する総合的なガイドライン」では、検討会議提言に比べてややマイルドな方針や表現となった印象もありますが、本書では地域移行の議論の背景事情や目指す方向性を重視し、主たる執筆時点の状況を書き留めることに意を注ぎました。いま、みなさんのまわりの部活動環境はどのようになっているでしょうか？　改革の進捗状況や地域の実情に応じて部活動に関する方針・方策は異なってきているものと思われますが、何のための、誰のための改革なのかを忘れなければ、おのずとよい方向に進んでいくはずです。私自身も、これからも青少年が豊かな経験を得て、学び成長していける社会づくりに微力ながら関わらせていただきたいと思っています。

本書では、パーソナルコーチング理論をもとにしたいくつかのワークをご紹介しました。これらは私が一から考え出したものではなく、先行文献、コーチの方々へのインタビュー、私がクライアントとして受けたコーチングや研修での体験、関東学院大学の青柳ゼミで学生と共におこなっているワークブラッシュアップなど、多くの方から学びを分けていただいたものです。ここに記して感謝申し上げます。

また、本書を書く機会をくださった旬報社の熊谷満さんにもお礼を述べさせていただきます。企画、執筆へのご助言、原稿を書籍という形にしていくまでのマネジメントと、はじめから最後まで丁寧にサポートいただいたおかげで、私自身はじめての単著を書きあげることができました。この本がたくさんの方に届きますよう、引き続きどうぞよろしくお願いいたします。

2023年2月

青柳健隆

引用・参考文献

青柳健隆，荒井弘和，岡浩一朗（2018）運動部活動顧問の指導・運営力と負担感の関連．関東学院大学経済経営研究所年報，40: 7-12.

青柳健隆，鈴木郁弥，荒井弘和，岡浩一朗（2018）小学校における運動部活動の分布：市区町村別実施状況マップの作成．スポーツ産業学研究，28(3): 265-273.

青柳健隆（2019）運動部活動顧問教員のワークライフバランスに関連する要因．関東学院大学経済経営研究所年報，41: 10-16.

青柳健隆，岡部祐介　編著（2019）部活動の論点　「これから」を考えるためのヒント．旬報社．

青柳健隆（2020）パーソナルコーチングが機能するプロセス：コーチの体験に基づくモデル生成．支援対話研究，6: 17-29.

青柳健隆（2021）小学校における運動部活動からスポーツ少年団への移行に伴う変化：地域移行を経験した教員へのインタビュー調査から．体育学研究，66: 63-75.

青柳健隆，守屋麻樹，岡浩一朗（2022）自己理解度・自己一致感尺度の信頼性および妥当性の検証．経済系（関東学院大学経済学会研究論集），286: 1-9.

文化部活動の地域移行に関する検討会議（2022）文化部活動の地域移行に関する検討会議提言～少子化の中、将来にわたり我が国の子供たちが文化芸術に継続して親しむことができる機会の確保に向けて～．https://www.bunka.go.jp/seisaku/geijutsubunka/sobunsai/chiiki_ikou/pdf/93755101_02.pdf（2022年9月14日参照）

文化庁（2018）文化部活動の在り方に関する総合的なガイドライン．
https://www.bunka.go.jp/seisaku/bunkashingikai/kondankaito/

bunkakatsudo_guideline/h30_1227/pdf/r1412126_01.pdf（2022年9月14日参照）
平野裕一，土屋裕睦，荒井弘和　共編（2019）グッドコーチになるためのココロエ．培風館．
経済産業省　地域×スポーツクラブ産業研究会（2022）「未来のブカツ」ビジョン――“休日の/公立中学校の/運動部活動の地域移行”の「その先」を考える――．https://www.meti.go.jp/shingikai/mono_info_service/chiiki_sports_club/pdf/20220928_1.pdf（2022年10月31日参照）
国立教育政策研究所　編（2019）教員環境の国際比較　OECD国際教員指導環境調査（TALIS）2018報告書――学び続ける教員と校長．ぎょうせい．
マイナビ（2020）高校生のアルバイト調査（2020年）．https://career-research.mynavi.jp/reserch/20201015_5128/（2022年9月14日参照）
文部科学省（2013）運動部活動での指導のガイドライン．https://www.mext.go.jp/sports/b_menu/sports/mcatetop04/list/detail/__icsFiles/afieldfile/2018/06/12/1372445_1.pdf（2022年9月14日参照）
文部科学省（2017）中学校学習指導要領（平成29年告示）．東山書房．
文部科学省（2018）高等学校学習指導要領（平成30年告示）．東山書房．
中澤篤史（2017）そろそろ、部活のこれからを話しませんか　未来のための部活講義．大月書店．
日本スポーツ協会（2021）学校運動部活動指導者の実態に関する調査報告書．https://www.japan-sports.or.jp/Portals/0/data/katsudousuishin/doc/ R3_houkokusho.pdf（2022年9月14日参照）
日本スポーツ協会（2022）スポーツ少年団とは．https://www.japan-sports.

or.jp/club/tabid265.html（2022年9月14日参照）
連合総研（2022）子どもたちの向き合う時間のために～教職員の働き方は変わったのか?～〈全体資料・中間報告〉. https://www.rengo-soken.or.jp/info/2aca8ce03fad7aa9ffc7948ce739b471cd9bffd9.pdf（2022年9月14日参照）
スポーツ庁（2018）運動部活動の在り方に関する総合的なガイドライン. https://www.mext.go.jp/sports/b_menu/shingi/013_index/toushin/__icsFiles/afieldfile/2018/03/19/1402624_1.pdf（2022年9月14日参照）
スポーツ庁（2022）総合型地域スポーツクラブ. https://www.mext.go.jp/sports/b_menu/sports/mcatetop05/list/1371972.htm（2022年9月14日参照）
藤後悦子, 大橋恵, 井梅由美子　編著（2022）部活動指導員ガイドブック[応用編]. ミネルヴァ書房.
運動部活動の地域移行に関する検討会議（2022）運動部活動の地域移行に関する検討会議提言～少子化の中、将来にわたり我が国の子供たちがスポーツに継続して親しむことができる機会の確保に向けて～. https://www.mext.go.jp/sports/content/20220722-spt_oripara-000023182_2.pdf（2022年9月14日参照）
運動部活動の地域移行に関する検討会議（2022）運動部活動の地域移行に関する検討会議提言参考資料集. https://www.mext.go.jp/sports/content/20220606-spt_oripara01-000023182_003.pdf（2022年9月14日参照）

［著者紹介］
青柳健隆（あおやぎ・けんりゅう）
1987年生まれ。関東学院大学准教授。スポーツ教育学者。中学・高校の部活動、指導者養成、コーチングなどを研究対象とする。教育新聞に「部活動問題の論点整理」を連載。『部活動の論点』（旬報社）ほか。

僕たちの部活がなくなる?
だったら自分で放課後をデザインしよう!

2023年4月15日　初版第1刷発行

著者……………………青柳健隆
ブックデザイン……………宮脇宗平
イラスト…………………手塚雅恵
編集担当…………………熊谷 満
発行者……………………木内洋育
発行所……………………株式会社旬報社
〒162-0041
東京都新宿区早稲田鶴巻町544　中川ビル4F
TEL 03-5579-8973　FAX 03-5579-8975
HP https://www.junposha.com/
印刷製本…………………シナノ印刷株式会社

ISBN978-4-8451-1809-0